3KG

Schönheitsideale wandeln sich im Lauf der Zeit, doch ein muskulöser, gut durchtrainierter Körper wird wohl nie aus der Mode kommen. Dabei geht es nicht um den Aufbau von wahren Muskelbergen, sondern um ein effektives Training für eine individuelle Zielsetzung.

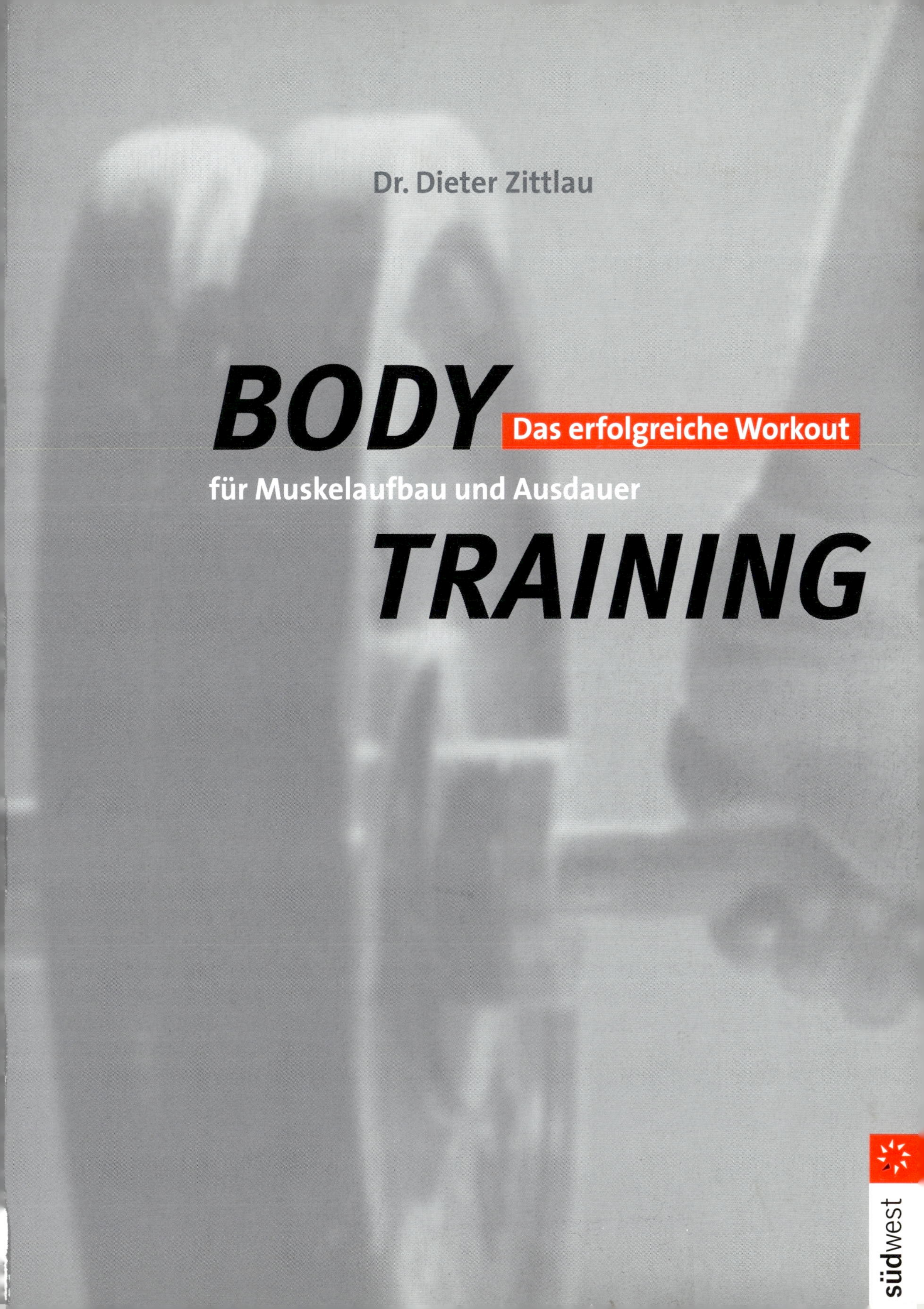

Dr. Dieter Zittlau

BODY TRAINING

Das erfolgreiche Workout für Muskelaufbau und Ausdauer

südwest

BILD LINKS: *Eine straffe Bauchmuskulatur stärkt den Rücken und gibt den nötigen Halt beim Training mit Gewichten.*

BILD RECHTS: *Wie viel drei Kilogramm sind, merkt man oft erst nach einiger Zeit. 20 Wiederholungen einer Übung – und das Gewicht wird zentnerschwer.*

INHALT

Krafttraining für die Muskeln

Ernährung für Spitzensportler

KRAFTTRAINING FÜR DIE MUSKELN

Muskelaufbau – warum und wie?

Wer sich schon einmal in verschiedenen Fitnessstudios umgesehen hat, der wird festgestellt haben, dass dort auf unterschiedlichste Weise trainiert wird. Oftmals genügt für diese Erkenntnis schon die Beobachtung in einem einzigen Studio. So müht sich der eine mit möglichst schweren Gewichten ab, der andere bevorzugt leichte Kurzhanteln. Frauen findet man häufig an Geräten; manche trainieren alle möglichen Muskelgruppen an einem Tag, andere wiederum scheinen sich zwei Stunden lang nur mit einer Muskelgruppe abzuplagen.

Ob mit leichten Kurzhanteln, schweren Langhanteln oder Maschinen – die Vielfalt an Trainingsmöglichkeiten ist beinahe unerschöpflich.

Es spricht natürlich nichts dagegen, dass man je nach Zielsetzung, Fortschritt, Alter oder Geschlecht unterschiedlich trainiert, und zweifellos ist eine individuelle Trainingsplanung und -gestaltung besser als ein pauschales Trainingskonzept für alle. Ich habe jedoch nach über 20 Jahren Kraftsporterfahrung sowohl in deutschen als auch in ausländischen Studios die Beobachtung gemacht, dass zwar viele nach irgendeinem Plan trainieren, aber nur wenige nach einem echten System.

Wissen steigert die Effektivität

Ein systematisches Training ist dadurch gekennzeichnet, dass es eine einigermaßen theoretisch fundierte Beziehung zwischen Mittel und Ziel gibt, d. h., dass der Trainierende nicht nur weiß, was er zu tun hat, sondern dass er insbesondere auch weiß, warum er etwas tut.

Als ich einmal in dem Sportstudio einer größeren Universität trainierte, beobachtete ich zwei Medizinstudenten im fortgeschrittenen Semester, die intensiv an einer Zugmaschine trainierten. Aus ihrer Unterhaltung war unschwer zu entnehmen, dass sie glaubten, mit dieser Übung vor allem ihre Brustmuskeln zu trainieren. Offenbar war selbst diesen »Fachleuten« nicht klar, dass sie damit gewissermaßen ein anatomisches Wunder vollbringen würden.

Wenn man weiß, dass Muskeln ihre Arbeit grundsätzlich nur bei der Verkürzung, d. h. bei der so genannten Muskelkontraktion, verrichten, wird klar, dass die Hauptaufgabe der Brustmuskulatur darin besteht, die Oberarme vor der Brust zusammenzuführen. Bei der Zugübung der Medizinstudenten wurde vor allem der große Muskel des oberen Rückens trainiert. Dieser Muskel heißt Latissimus, und die Maschine, an der er trainiert wird, ist Eingeweihten daher auch als »Lat-Zug-Maschine« bekannt.

Dabei trainierten die beiden im Grunde nicht falsch, denn sie führten diese Übung sehr sauber aus. Das Training erfüllte allerdings nicht den in ihn gesetzten Zweck, weil die Belastung für den Brustmuskel dabei nicht groß genug ist.

Wenn in diesem Buch von systematischem Training gesprochen wird, so soll damit erreicht werden, dass der Leser weiß, mit welchen Maßnahmen ein bestimmtes Trainingsziel am effektivsten zu erreichen ist. Es enthält darum mehr als nur fertige Trainingspläne, denn nach seiner Lektüre sollte jeder Leser seinen optimalen individuellen Trainingsplan selbst erstellen können.

Auch Kraftsportler sollten ein regelmäßiges Ausdauertraining nicht vernachlässigen.

Die Aspekte des Muskelaufbaus

Im Gegensatz zum Ausdauertraining hat das Training der Kraft und der Muskulatur sowohl in den Medien als auch in den Kreisen der Wissenschaft lange Zeit keine allzu große Beachtung gefunden. Der gesundheitliche Wert eines Muskeltrainings galt früher als relativ unbedeutend, und beim Bodybuilding war sogar der kosmetische Wert wenn nicht umstritten, so doch Geschmackssache. So dauerte es eine ganze Weile, bis sich das Krafttraining den Weg aus finsteren »Muckibuden« in das Bewusstsein und das Interesse größerer Teile der Gesellschaft und damit auch in den Blickpunkt der Wissenschaftler bahnte. Mittlerweile ist zwar ein Wandel in der Interessenlage eingetreten, und man hat erkannt, dass Muskeln durchaus mehr als nur kosmetischen Wert haben. Doch noch immer sind eine ganze Reihe Fragen nur unzureichend beantwortet. Anders ist es wohl auch kaum zu erklären, dass sich zahlreiche Kraftsportler, vor allem Bodybuilder, beim Training auf ihren Instinkt verlassen (welcher Instinkt damit auch immer gemeint

In vielen anderen Sportarten gestaltet man das Training schon seit langem systematischer als im Kraftsport.

sein mag). In der Leichtathletik war man hingegen schon seit vielen Jahren sehr viel systematischer in der Gestaltung der Belastung.

So sprachen die Gebrüder Weider, die zweifellos zu den großen Pionieren im Bodybuilding gelten, noch in den 1980er Jahren vom »Instinktprinzip«, von dem sich ein Bodybuilder leiten lassen sollte. Wenn vielleicht auch der eine oder andere am Schluss instinktgeleitet als Sieger von der Bühne gehen durfte, so darf doch stark bezweifelt werden, dass diese Form des Trainings für die große Mehrzahl der Trainierenden geeignet ist. Denn oftmals verbirgt sich hinter dem »Instinkt« nichts anderes als Planlosigkeit.

Dieses Fehlen einer Strategie ist heute weder nötig noch wünschenswert, denn auch wenn der menschliche Körper noch zahlreiche Geheimnisse bietet, so lassen sich doch bereits jetzt einige Faktoren eingrenzen, die für Kraftzuwachs und Muskelaufbau – was sich zum Teil unabhängig voneinander entwickelt – verantwortlich sind.

Bei genauerer Betrachtung sind es vor allem sieben Punkte, die die Leistungsfähigkeit für Kraftbeanspruchungen bestimmen:

Instinkt

Es ist nicht ausgeschlossen, dass eine instinktive Trainingsgestaltung zum Erfolg führt. Es besteht aber ein hohes Risiko, dass sie erfolglos oder sogar gefährlich ist, weil sie ohne Einsicht in die Wirkungsweise stattfindet und unsere Instinkte uns eben nicht stets vor Fehlern warnen.

- Die Dicke des Muskels
- Das Zusammenspiel des Nerv-Muskel-Systems
- Die Kraftausdauer der Muskulatur
- Die Maximalkraft
- Die Vordehnung des Muskels
- Die Atmung
- Die Motivation des Sportlers

Zur Verbesserung jeder dieser Komponenten bedarf es spezifischer Trainingsreize, die von zahlreichen »Instinkttrainierenden« nur mehr oder wenig zufällig gesetzt werden.

Der Muskelumfang

Insbesondere bei der statischen Kraft ist der Muskelfaserquerschnitt eine entscheidende Größe. Das bedeutet, dass mit zunehmendem Querschnitt auch die mögliche Kraftentfaltung ansteigt. Entscheidend ist hier allerdings weniger der »anatomische Querschnitt« quer zur Sehnenverlaufrichtung als vielmehr der »physiologische Querschnitt« senkrecht zum Verlauf der jeweiligen Muskelfasern. Grundsätzlich kann man aber von einer recht

Bild links: *Auch kleine Gewichte verlangen volle Konzentration.*
Bild rechts: *Der Bauch ist wohl der einzige Bereich, wo die Muskeln zwar sichtbar, aber nicht zu dick werden sollen.*

engen Beziehung zwischen Muskelquerschnitt und Muskelkraft ausgehen, d.h., vereinfacht gesprochen wird ein Muskel auch stärker, wenn er dicker wird.

Ein Vergleich zwischen verschiedenen Personen ist auf dieser Grundlage jedoch nicht zulässig, d.h., der 40er-Oberarm von Herrn A. kann durchaus stärker sein als der 45er des Herrn B. Für den einzelnen Athleten gilt jedoch stets, dass er zur schnellen Steigerung der Kraft auch eine Steigerung der Muskelmasse anstreben sollte.

Muskelzuwachs

Durch regelmäßiges Krafttraining vermehren sich die in den Muskelfasern befindlichen Muskelfibrillen. Hierdurch kommt es zu einer Verdickung der Muskelfasern. Eine so genannte Hyperplasie, die Vermehrung von Muskelfasern, scheint erst bei sehr hohen Trainingsbelastungen oder unter dem Einfluss von exogenen Hormongaben stattzufinden. In der Praxis hat sich gezeigt, dass es vor allem Belastungen sind, die eine Wiederholungszahl zwischen acht und zwölf erlauben, die zu einem nennenswerten Muskelzuwachs führen. Als Auslöser für die Vermehrung der Myofibrillen wird daher ein mehrfach unter eine bestimmte Grenze abgesunkener Gehalt an energiereichen Phosphaten (ATP/CP) im Muskel diskutiert. Sinkt die Belastung, sind die energiereichen Phosphate kaum noch an der Energiebereitstellung beteiligt; steigt die Belastung, wird die Arbeitszeit zu kurz. Was uns gleich zu einem anderen für die Kraftentfaltung wesentlichen Punkt führt, dem Zusammenspiel von Nerven und Muskulatur.

Zusammenspiel von Nerv und Muskel

Je besser dieses Zusammenspiel funktioniert, desto größer ist die mögliche Kraftentfaltung. Ein Zuwachs an Muskelmasse ist hierzu erst einmal nicht nötig. Jeder Anfänger in einem Studio wird dieses Phänomen bereits am eigenen Leib beobachtet haben. In den ersten Wochen kann man in fast allen Übungen beständig die Belastung steigern, und gelegentlich muss sogar der

Zu Beginn eines Trainings werden die Muskeln nicht dicker, sondern sie werden stärker – weil sie effektiver arbeiten.

Auch wenn man als Person ganz alleine trainiert, für unsere Muskeln gilt stets Teamarbeit, d. h., der eine Muskel hilft dem anderen.

Trainer den Ehrgeiz etwas bremsen, damit man des Guten nicht zu viel tut. Doch der Blick in den Spiegel zeigt auch nach Wochen noch das gleiche Bild: kein sichtbarer Muskelzuwachs.

Verantwortlich für den raschen Kraftzuwachs ist das, was die Sportwissenschaftler als intermuskuläre Koordination bezeichnen. Damit meinen sie das Zusammen- bzw. Gegeneinanderwirken aller an einer Übung beteiligten Muskeln (siehe Kasten).

Zusammenspiel der Muskeln

Diese intermuskuläre Koordination kann man dadurch verbessern, dass man die Übung bereits im Geiste vorwegnimmt und sich sodann schrittweise an das Maximalgewicht herantastet. Bildlich gesprochen gibt man damit seinen Muskeln Gelegenheit, sich untereinander »abzusprechen«.

Anschaulich wird die mangelnde »Absprache« der Muskeln, wenn man Anfänger an Übungen mit freien Hanteln beobachtet (was stets nur unter fachkundiger Aufsicht geschehen sollte). Wenn z. B. ein Neuling auf der Bank liegend eine Langhantel nach oben drückt, hat man bisweilen das Gefühl, dass er vergessen hat, wo oben ist. Erst nach etlichen Wochen stabilisiert sich der anfängliche »Schlingerkurs« der Hantel, womit jetzt natürlich auch größere Gewichte möglich werden. Sicherlich ist auch dies ein

Jeden Muskel, der in Bezug auf einen anderen Muskel einen gegenteiligen Bewegungseffekt hat, bezeichnet man als Antagonisten. Wenn also z. B. der Bizeps kontrahiert, so wird automatisch sein Antagonist (der Trizeps) gedehnt. Hingegen nennt man einen Muskel, der einen anderen Muskel in seiner Bewegungsausführung unterstützt, Synergisten. Eine maximale Kraftentfaltung ist u. a. davon abhängig, ob das Zusammenspiel von Synergist und Antagonist so gut funktioniert, dass sich sowohl die Abfolge der Kontraktionen der Synergisten als auch die abgestufte Anspannung der Antagonisten optimal ergänzen.
Der Bizeps beispielsweise wird beim Bankdrücken eher als Antagonist auftreten, obwohl seine Anspannung für die Stabilität der Bewegung unerlässlich ist. Ist die Anspannung jedoch zu stark, so wird der Trizeps in seiner Arbeit wiederum zu stark behindert.

Grund, warum man Anfängern zunächst das Training an einer Maschine empfiehlt, an der der Weg der Muskelarbeit weitgehend vorgezeichnet ist.

Der Muskel als Einheit

Eine weitere Möglichkeit einer ökonomischeren Zusammenarbeit von Nerv und Muskel zeigt sich erst nach einem regelmäßigen Training über längere Zeiträume. Eine Verbesserung des Zusammenspiels aller motorischen Einheiten innerhalb eines Muskels, der intramuskulären Koordination, findet sich erst bei gut trainierten Athleten. Denn hierbei minimiert der Körper den Aufwand, den er für eine Leistung zu erbringen hat. Dies gilt zumindest für Aufgaben mit geringer bis mittlerer Intensität: Hier schaltet der trainierte Muskel nur so viele motorische Einheiten, wie für die jeweilige Leistung notwendig sind. Bei hohen Leistungen hingegen »weiß« der austrainierte Muskel, was nun von ihm verlangt wird. Man geht davon aus, dass es durch ein entsprechendes Training zu einer gleichzeitigen Aktivierung von bis zu 80 Prozent der motorischen Einheiten eines Muskels kommen kann. Auf der anderen Seite kommt es aber intramuskulär auch zu einer Ökonomisierung, d. h., dass für eine unter dem Maximum liegende Leistung nur noch die Einheiten angespannt werden, die zur Erreichung des Ziels notwendig sind. Ein gut trainierter Muskel erbringt nun die gleiche Leistung mit viel geringerem Aufwand. Auch auf diesem Weg lässt sich also ein Kraftzuwachs ohne Muskelzuwachs erzielen.

Wie trainieren?

Die effizienteste Trainingsmöglichkeit für das Zusammenspiel von Nerven und Muskeln sind Belastungen zwischen drei und fünf Wiederholungen. Sie trainieren allerdings nur unzureichend die Kraftausdauer und die damit verbundene gute Durchblutung der Muskulatur.

Kraftausdauer der Muskulatur

Mit dem Begriff »Kraftausdauer« bezeichnet man die Fähigkeit des Muskels, Kraftleistungen über längere Zeit zu erbringen. Wer zwischen Kraft und Ausdauer zwei unvereinbare sportliche Komponenten sieht, hat auf den ersten Blick gar nicht einmal Unrecht. Je besser ein Muskel mit Sauerstoff und Nährstoffen versorgt wird, desto besser und vor allem länger kann er seine Arbeit verrichten. Kraftleistungen führen jedoch dazu, dass die Blutgefäße durch die Anspannung im Muskel abgedrückt werden. Dies hat eine Minderdurchblutung des Muskels, bei sehr hohen Belastungen möglicherweise sogar einen Stillstand der Durchblutung zur Folge. Je kräftiger und trainierter der Muskel ist, desto später tritt allerdings diese Wirkung ein.

Abhängig ist die Kraftausdauer davon, wie lange der Muskel unter günstigen Stoffwechselbedingungen, also mit Hilfe von Sauerstoff, aus Kohlen-

Im Kraftsport wird die »Stärke« in einer bestimmten Disziplin zumeist anhand der dort gezeigten Maximalkraft gemessen.

Bauchtraining – für viele Kraftsportler ein notwendiges Übel.

hydraten und – bei sehr langen Belastungen – aus Fetten Energie gewinnen kann. Um auch diese Aufgabe möglichst ökonomisch erledigen zu können, bildet der Muskel ein ganzes Netz zusätzlicher Kapillaren (kleinste Gefäße) aus. Im Gegensatz zu den bereits angesprochenen Komponenten der Kraft muss hier mit sehr hohen Wiederholungen gearbeitet werden, um den gewünschten Effekt zu erzielen. Dabei muss die Belastung natürlich entsprechend niedrig gewählt werden muss. Um beispielsweise in einem Stück 50 Wiederholungen bewältigen zu können, müssen Anfänger mit der leeren Hantelstange oder dem kleinsten Gewicht vorlieb nehmen.

Die Maximalkraft

Die Maximalkraft ist die höchste Kraft, die das Nerven-Muskel-System bei maximaler willkürlicher Kontraktion auszuüben vermag. Es handelt sich also um einen von Absicht und willentlich-bewusster Konzentration begleiteten Vorgang, weshalb man die Maximalkraft auch als psychologische Grenzkraft bezeichnen kann (Hollmann/Hettinger).

Sie ist zu unterscheiden von der absoluten maximalen Kraft, die ein Muskel bzw. eine Muskelgruppe unter Einsatz aller Fasern aufbringen kann. Dies kann in der Regel nur im Labor jenseits der Willkür des betreffenden Organismus simuliert werden, etwa durch Hypnose oder Pharmakaeinsatz (Doping). In natura wird die absolute Maximalkraft nur in extremen Stresssituationen freigesetzt.

Die Differenz zwischen absoluter Maximalkraft und willkürlicher Maximalkraft ist darum ein Maß für die so genannte autonom geschützte Reserve, jenen Bereich der Leistungsfähigkeit unseres Organismus, den wir nicht willentlich in Anspruch nehmen können.

Die Vordehnung des Muskels

Konzentriert man sich ausschließlich auf die Hypertrophie, also das Wachstum der Muskulatur, so werden die Muskeln zwar immer volumenreicher und dicker, sie büßen aber einen Teil ihrer Funktionsfähigkeit ein. Wird ein großer Muskel stark beansprucht, so werden das zuallererst die angeschlossenen Sehnen zu spüren bekommen. Bei starker Dehnung oder sehr starker Kontraktion kommt es nun zu einer Aktivierung von bestimmten Rezeptoren im Bereich dieser Sehnen, der so genannten Golgi-Organe. Diese lösen bei ihrer Reizung eine Hemmung aus und unterbinden damit die Kontraktion, um auf diese Weise die Sehnen zu schützen. Es handelt sich bei diesem Vorgang um eine »reflektorische Hemmung«, eine Schutzreaktion unseres Organismus auf Überbeanspruchung.

Sinnvolles Stretching

Auf den ersten Blick mag es nun so aussehen, als seien diese Golgi-Organe jeder sportlichen Höchstleistung und Kraftentfaltung im Weg. Um aber eine Schädigung der Sehnen zu vermeiden, muss der gesamte Komplex aus Muskeln und Sehnen zunächst einmal »dehnbar« gemacht werden. Das bedeutet, dass jedes erfolgreiche Krafttraining systematisch durch einleitende Dehnübungen ergänzt werden muss – zum einen, um eine Überbeanspruchung der Muskeln und Sehnen zu verhindern und zum anderen, um die durch eine solche Überbeanspruchung eingeleiteten Schutzvorgänge nicht auszulösen, was bedeuten würde, dass die Golgi-Organe der maximalen Kontraktion des Muskels vorzeitig ein Ende bereiteten.

Die Atmung

Immer wieder beobachte ich in diversen Studios Sportlerinnen und Sportler, die ein erhebliches Maß an Kraft und Trainingsintensität verschenken, weil sie nicht richtig atmen. Es dauert allerdings auch eine ganze Weile, bis einem die richtige Atmung in Fleisch und Blut übergeht. Dabei ist die Grundregel ganz einfach.

In der Phase der Muskelkontraktion, wenn also die eigentliche Arbeit geleistet wird, atmet man aus, in der Phase der Entspannung atmet man ein. Keinesfalls darf man die Luft während einer Wiederholung komplett anhalten, denn diese Pressatmung belastet sowohl die Lunge als auch den Kreislauf.

> Nur für Profis!
>
> **Fortgeschrittene nutzen den Spannungseffekt der Pressatmung, indem sie erst im letzten Drittel der Kontraktion ausatmen. Beim Bankdrücken, wo die richtige Atmung besonders wichtig ist, wäre das also das letzte Drittel des Wegs der Hantel nach oben.**

Die Motivation des Sportlers

Trotz des Vorurteils, dass Kraftsportler für ihren Sport kein »Köpfchen« benötigten, hängt der Erfolg im Kraftsport wesentlich von Geschehnissen ab, die sich im Kopf des Sportlers abspielen. Nur wer in ausreichendem Maß über Motivation und Konzentration verfügt, wird es im Kraftsport zu sehenswerten Leistungen bringen. Eine Lust am Sieg über das Gewicht, eine seelische Hinwendung zu den Übungen des Kraft-

sports und der Wille, ein gestecktes Ziel auch wirklich zu erreichen, sind die unbedingten Voraussetzungen für den Trainingserfolg. So berichten die Professoren Hollmann und Hettinger, dass sie an ihren Studenten Versuche zur maximalen Kontraktion bestimmter Muskelgruppen vorgenommen haben. Alle Teilnehmer dieses Versuchs waren aufgefordert worden, ihr Bestes zu geben, und die erbrachte Leistung wurde dann aufgezeichnet.

Es ist im Sport nicht anders als in der Arbeitswelt: Für die volle Leistung benötigen wir stets auch die optimale Motivation.

Als sie am nächsten Tag noch einmal zur gleichen Untersuchung eingeladen wurden, wurde ihnen eröffnet, dass Messungen an Sportstudenten in der damals noch existierenden Sowjetunion deutlich höhere Leistungen ergeben hätten und man darum von den deutschen Ergebnissen enttäuscht wäre. Die an diesem Tag registrierten Kräfte lagen um 13 Prozent höher als die am Vortag. Als an einem weiteren Tag eine besonders reizvolle Studentin die Anstrengungen der männlichen Teilnehmer bewundernd in Augenschein nahm, stieg die Leistung nochmals um acht Prozent! Innerhalb von zwei Tagen war also die Leistung der Studenten um mehr als ein Viertel gestiegen. Da Anpassungsvorgänge in dieser kurzen Zeit so gut wie ausgeschlossen werden können, kann dieser Erfolg nur auf den Faktor Motivation zurückzuführen sein.

Wann wächst ein Muskel?

Wer einfach nur einen muskulösen Körper haben will, wird es zwar schwerlich einsehen, aber ein langfristig orientiertes Krafttraining sollte alle Komponenten der Kraft berücksichtigen. Ein Training der Kraftausdauer bewirkt zwar nicht sofort das gewünschte Muskelwachstum, doch irgendwann wirkt sich die ökonomischere Arbeitsweise und die bessere Durchblutung des Muskels auch auf die individuelle Maximalkraft und auf das Wachstum der Muskeln aus.

So läuft die Regeneration nach einem intensiven Training viel schneller ab und schafft so die Voraussetzugen für häufigere Trainingseinheiten, die sich natürlich wiederum bei der Leistung bemerkbar machen. Vor allem Fitnessathleten sind gut beraten, die

BILD LINKS: *Achten Sie beim Training an sehr starren Maschinen auf den richtigen »Sitz«. Fragen Sie den Trainer oder die Trainerin!*

BILD RECHTS: *Jeder Teil der Bewegung muss unter voller Kontrolle der Muskulatur stehen.*

verschiedenen Komponenten der Kraft im Training zu kombinieren, da sie nur in Ausnahmefällen der Trainingsgestaltung so viel Aufmerksamkeit widmen, dass es über das Jahr gesehen zu einer Periodisierung, d. h. zu einem regelmäßigen Wechsel kommt. Diese Form des Trainings wird vornehmlich für den Leistungssportler interessant, der sich an Wettkämpfen beteiligt. Auf diesem Leistungsniveau kommt jedem Aspekt der Kraft eine so große Bedeutung zu, dass sie in eigenständigen Trainingseinheiten geschult werden müssen.

Belastungsgestaltung in der Trainingseinheit

Der Muskel wächst erst dann, wenn er – bildlich gesprochen – das Gefühl hat, dass er die ihm abverlangte Leistung mit der vorhandenen Masse nicht mehr bewältigen kann. Damit befindet sich der Sportler vor allem in Phasen des Muskelaufbaus auf einer ständigen Gratwanderung zwischen sinnvoller Belastung und schädlicher Überlastung. Zum einen ist ein bestimmter Grad an Muskelermüdung unerlässlich, um eine Vermehrung der Myofibrillen, also der Muskelfasern anzuregen, zum anderen gilt eine gewisse Bewegungsqualität als Voraussetzung für eine optimale Belastungsgestaltung. Diese lässt mit fortschreitender Ermüdung jedoch zwangsläufig nach. Ein Training über den Punkt hinaus, wo das Gewicht noch sauber und korrekt über den vollen Bewegungsablauf geführt werden kann, führt zu negativen Effekten hinsichtlich des Zusammenspiels von Nerv und Muskel. Für den Kraftsportler, der beim Training des »Dickenwachstums« also immer auf diesem sehr schmalen Grad wandelt, ist oft nur schwer auszumachen, ob er sich noch im optimalen Bereich befindet, oder ob er im Eifer des Gefechts bereits zu viel des Guten tut. Hier ist ein erfahrener Trainingspartner oder sogar ein Trainer gefordert, notfalls auch mal zum Abbruch eines Satzes zu raten oder zumindest helfend einzugreifen. In der alltäglichen Praxis ist jedoch eine Korrektur selbst offensichtlicher Bewegungsmängel eher selten der Fall. Hier wird

Ein erfolgreicher und erfahrener Kraftsportler kennt und spürt die Grenze zwischen der Unter- und der Überforderung eines Muskels.

der Sportler meist noch zu ein paar Wiederholungen mehr angespornt, wenn sie oder er schon längst nicht mehr in der Lage ist, das Gewicht mit den Muskeln zu bewegen, die eigentlich dazu gedacht sind.

Um sich bei der Belastungsgestaltung im Training besser orientieren zu können, nutzt man als wichtigste Kenngröße in der Regel das verwendete Trainingsgewicht. Martin entwickelte hierfür 1978 eine Reizskala, bei der die Belastung in Abhängigkeit von der Maximalleistung in Prozent angegeben wird:

- 30–50 Prozent — Gering
- 50–60 Prozent — Leicht
- 60–75 Prozent — Mittel
- 75–85 Prozent — Submaximal
- 85–100 Prozent — Maximal

Anhand dieser Skala lässt sich auch recht präzise bestimmen, in welchem Bereich sich die unterschiedlichen Aspekte der Kraft besonders herausbilden. So liegt die Belastung beim Training der Muskelausdauer höchstens im Bereich von 30 bis 50 Prozent der Maximalkraft, besser noch darunter, bei etwa 20 Prozent. Im mittleren und submaximalen Bereich profitiert vor allem das Dickenwachstum des Muskels, und im maximalen Bereich kommt es zu den gewünschten Anpassungen im Zusammenspiel von Nerv und Muskel. Aus dem bisher Gesagten wird nun auch deutlich, warum es bei der Empfehlung optimaler Wiederholungszahlen je Satz immer wieder zu erheblichen Unterschieden kommt. Immerhin ist es ein Unterschied von über 30 Prozent, ob man nun acht oder zwölf Wiederholungen für einen Satz vorschlägt.

Hohe Belastungen verbessern vor allem die Kraft, mittlere und submaximale Belastungen fördern eher die Zunahme von Muskelmasse.

Die Rolle des Leistungsniveaus

Eine überragende Rolle für die Trainingsgestaltung spielt auch das aktuelle Leistungsniveau der Sportlerin oder des Sportlers. So sind bei Anfängern durchaus Anpassungen in Form eines Muskeldickenwachstums zu beobachten, wenn die Belastung zwischen 40 und 70 Prozent der Maximalleistung beträgt. Bei fortgeschrittenem Trainingsalter reicht diese Belastung für einen weiteren Aufbau oft nicht mehr aus.

Maximalkrafttests

Um die Belastung dem Trainingsfortschritt anzugleichen, können etwa alle sechs Wochen Maximalkrafttests in den wichtigsten Übungen durchgeführt werden. Aufgrund der hohen Anforderungen, die dabei sowohl an die Technik als auch an Gelenke und Sehnen gestellt werden, sollten diese Tests frühestens nach einem Jahr regelmäßigen Krafttrainings erstmals ins Programm genommen werden, denn erst dann ist die Stütz- und Haltemuskulatur ausreichend entwickelt, um die Knochenführung in den Gelenken zu stabilisieren. Jugendliche unter 16 Jahren sollten völlig darauf verzichten, und wer nur ein wenig für seine Figur tun will, kann ebenfalls davon Abstand nehmen. Wichtig hierbei ist, dass die Maximalleistung bei gut aufgewärmter, aber voll leistungsfähiger Muskulatur erfolgt.

Langsam zur Maximalbelastung

Es gilt also, sich nach einem entsprechenden Aufwärmen mit Sätzen von möglichst niedriger Wiederholungszahl an das Maximalgewicht heranzutasten, damit die Energie nicht vorzeitig verpufft. Auch die Steigerung von Satz zu Satz sollte in größeren Sprüngen erfolgen, als dies beim üblichen Training der Fall ist, so dass beim dritten Versuch die maximale Leistung erreicht ist.

Diesen Maximalkrafttests sollten separate Trainingseinheiten gewidmet werden. Nach dem Training der Brustmuskulatur noch schnell zu testen, was man denn nun im Bankdrücken maximal zu leisten in der Lage ist, macht wenig Sinn. Ist man nun fähig, mit maximaler Anstrengung und korrekter Ausführung 120 Kilogramm im Bankdrücken zu bewältigen, so ergeben sich folgende Richtwerte für das Training:

- 24–36 kg — Muskelausdauer
- 90–102 kg — Dickenwachstum der Muskulatur
- 102–120 kg — Verbesserung des Zusammenspiels Nerven/Muskel

Die Pausen

Jeder weiß, dass man nicht pausenlos trainieren kann, aber nicht alle wissen, dass auch die Pausen einem System folgen sollten. Man kann sich dabei an zwei Eckpunkten orientieren. So sollte bei Beginn des folgenden Satzes die Pulsfrequenz auf etwa 100 Schläge in der Minute gesunken sein, und auch bei sehr hoher Gewichtsbelastung sollten die Pausen (die dann zwangsläufig ausgebaut werden) nicht länger als fünf Minuten dauern. Von diesem Zeitpunkt an muss man davon ausge-

Achtung – Überlastung! Übernehmen Sie sich nicht. Pausen gehören zum Training dazu.

hen, dass die zur Bewegung hoher Gewichte im Maximalbereich erforderliche zentralnervöse Erregung langsam wieder abklingt und es im schlimmsten Fall sogar zu einer Abkühlung des Muskels kommt. Innerhalb dieses Rahmens bleibt natürlich immer noch genug Spielraum für Faktoren wie Tagesform, Motivation etc.

Kurze Pausen

Abgesehen von Hochleistungsathleten, die in einem Bereich trainieren, wo es wirklich Überwindung kostet, wieder an die Hantel zu treten, ist eine fünfminütige Pause in der Regel meist völlig ausreichend, um die Pulsfrequenz zu senken und neue Motivation aufzubauen.

Nach meiner Erfahrung ist es in der Regel so, dass gerade Anfänger den Fehler begehen, den nächsten Satz zu früh zu beginnen. Vielleicht glauben sie, der Effekt des ersten Satzes würde sich verlieren, wenn man wartet, bis die Muskulatur wieder energiegeladen auf die erneute Anstrengung reagieren kann. In diesem Fall ermüdet die Muskulatur natürlich viel schneller, und es darf erwartet werden, dass sich zu einem unnötig frühen Zeitpunkt Mängel in der Bewegungsausführung im Training zeigen.

Eine noch größere Rolle als die Pausen zwischen den Sätzen spielen für die Effektivität des Trainings die Pausen zwischen den Trainingstagen. Zu Beginn reicht ein zweimaliges Krafttraining in der Woche völlig aus, um einen akzeptablen Trainingsreiz zu setzen. Aber auch später sollten die Einheiten nach Möglichkeit so angeordnet werden, dass zumindest der einzelne Muskel etwa 48 Stunden Zeit hat, sich zu erholen. Selbst wer an allen sieben Tagen der Woche trainieren will, sollte also darauf achten, dass die Muskelgruppe, die beispielsweise am Montag trainiert wurde, am Dienstag geschont wird.

Verschiedene Trainingssysteme

Wiederholte Krafteinsätze

Die vermutlich häufigste Trainingsmethode im Kraftsport ist die so genannte Methode der wiederholten Krafteinsätze. Diese besteht darin, dass eine bestimmte Anzahl von gleichartigen Bewegungen gegen den Widerstand einer Trainingsmaschine oder einer Hantel ausgeführt wird. Die Menge aller Wiederholungen, die man ohne große Pause hintereinander bewältigen kann, wird als Satz bezeichnet. Ein solcher Satz besteht also z. B. aus zehn Armbeugen mit einer Kurzhantel, im Bodybuilderjargon kurz ein Satz Bizepscurls genannt.

Ich habe allerdings die Erfahrung gemacht, dass viele Bodybuilder, die bisher ohne großen Erfolg trainierten, allzu sehr an irgendwelchen Empfehlungen über die Anzahl dieser Wiederholungen kleben. Wird also z. B. in einem Lehrbuch oder einem Zeitschriftenartikel eine Anzahl von zehn Wiederholungen empfohlen, so werden auch nur zehn Wiederholungen ausgeführt, ganz gleich, ob man bei äußerster Anstrengung nicht vielleicht auch 15 oder 20 Wiederholungen geschafft hätte.

Meiner Ansicht nach ist es aber sehr viel wichtiger, bis an die Grenze der Kraftentfaltung zu trainieren, als sich darüber zu streiten, welche Wiederholungszahl optimal ist. Wenn ich die Empfehlungen von vielen erfolgreichen Bodybuildern und Gewichthebern zusammentrage und jetzt einmal unterstelle, dass jeder dieser Athleten seine optimale Trainingsversion gefunden hat, so bleibt eigentlich nur der Schluss, dass die optimale Anzahl von Wiederholungen in einem Satz von Person zu Person jeweils unterschiedlich ist und dass allgemeingültige Empfehlungen gar nicht gegeben werden können. Dem trainierenden Sportler kann ich also nur raten, in dieser Hinsicht einmal behutsam mit seinem Körper zu experimentieren.

Auch im Sport ist jeder Mensch anders. Darum: Es existiert keine für jeden Sportler gültige, optimale Anzahl von Wiederholungen.

Individuelles Training

Trainingsprogramme sind nicht einfach übertragbar

► In letzter Zeit ist immer häufiger die Unsitte zu beobachten, dass Anfängern empfohlen wird, das Trainingsprogramm eines Spitzenathleten zu übernehmen, indem einfach die verwendeten Gewichte durch zwei oder irgendeinen anderen Anpassungsfaktor geteilt werden.

► Leider ist es nahezu ausgeschlossen, durch derart simple Divisionsspielchen ein einem anderen Menschen angepasstes Trainingsprogramm zu erreichen, da es dabei zwangsläufig in einzelnen Sätzen zu Über- und Unterforderung kommt. Sportliche Fähigkeiten verschiedener Menschen lassen sich eben nicht einfach multiplizieren (Fachleute sagen: Sie sind nicht linear transformierbar). Die dabei wirkenden Faktoren wie Stoffwechsel, Kreislauf, Hebelverhältnisse, Muskelqualität u. a. sind von Mensch zu Mensch zu unterschiedlich, als dass man einfach Arnold Schwarzenegger in seinen besten Zeiten (bzw. seine Trainingsgewichte) durch 2,5 teilt und damit ein brauchbares Programm für sich finden könnte.

► Dass nach dieser Methode gelegentliche (Zufalls-)Erfolge bei Kandidaten eintreten, die das erste Mal ernsthaft trainieren, ist natürlich möglich.

Bild links: *Bauchmuskeln trainiert man ohne Gewichte und mit vielen Wiederholungen.*
Bild rechts: *Je dicker ein Muskel ist, desto härter kann er trainiert werden.*

Große Muskelgruppen vertragen und benötigen mehr Übungen und damit insgesamt auch mehr Sätze als kleinere Muskelgruppen.

Russische Fachautoren empfehlen zur besseren Entwicklung der Muskelmasse beispielsweise, mit einem Gewicht von 50 bis 60 Prozent des Maximums zu trainieren. Dieses relativ geringe Trainingsgewicht erlaubt dem Trainierenden natürlich entsprechend hohe Wiederholungszahlen.

Es scheint allerdings festzustehen, dass eine geringere Anzahl von Wiederholungen mit höherem Gewicht eher dazu geeignet ist, die Maximalkraft zu entwickeln. Wer beispielsweise seine Leistung im Bankdrücken verbessern will, wird mit zwei bis sechs Wiederholungen bei einem entsprechend hohen Gewicht (zwischen 80 und 90 Prozent der Maximallast) vermutlich schneller zum Ziel kommen als mit 30 Wiederholungen pro Satz. Ob er aber damit auch seine Muskelmasse schnellstmöglich entwickelt, ist eine andere Frage und kann – wie schon gesagt – nur im Eigenversuch herausgefunden werden.

Ein fast so leidiges Kapitel wie die Anzahl der Wiederholungen pro Satz ist die Frage nach der Anzahl der Sätze. Auch hier sind Empfehlungen nur mit großer Vorsicht übertragbar.

Allgemein lässt sich sagen:

1. Je intensiver und konzentrierter in jedem Satz trainiert wird, desto weniger Sätze werden benötigt.

2. Je grösser und komplexer die trainierte Muskelgruppe ist, desto mehr Sätze verträgt sie.

Hier muss jedoch einschränkend betont werden, dass große und komplexe Muskelgruppen zumeist auch mit mehreren Übungen trainiert werden, so dass sich zwar die Gesamtzahl der Sätze erhöht, nicht aber die Anzahl der Sätze pro Übung. Muskelgruppen wie die Brust- oder Rückenmuskeln können also mit mehr Übungen belastet werden als beispielsweise der Bizeps des Oberarms. Wer seinen Bizeps regelmäßig mit fünf verschiedenen Übungen zu jeweils sechs Sätzen strapaziert, wird ihn unter Umständen nach einem halben Jahr bis auf einen harten, dünnen Strang verdichtet haben. Darüber hinaus sind auch hier die Vorbilder der großen Stars nicht übertragbar. Was der Bizeps eines Arnold Schwarzenegger in seinen bes-

ten Tagen verträgt, kann für einen armen 40er-Oberarm durchaus völlig unbekömmlich sein.

Bei der Bemessung der Satzzahl muss zudem berücksichtigt werden, dass die ersten Sätze in einer Übung zumeist reine Aufwärmsätze mit sehr kleinem Gewicht und daher ohne Trainingswirkung sind. In den meisten Trainingsplänen werden diese Aufwärmsätze deshalb nicht mitgerechnet. Darauf folgen in der Regel zwischen vier und sechs Trainingssätze, vereinzelt werden – um eine bessere Definition zu erreichen – auch mehr Sätze ausgeführt. Zum Abschluss einer Übung kann man noch einzelne Sätze mit kleinem Gewicht zum »Pumpen« oder »Dehnen« anfügen. Besser dürfte es jedoch sein, zu diesem Zweck speziell geeignete Übungen anzuschließen.

Pyramidentraining

Eine Abwandlung der »Methode der wiederholten Krafteinsätze« ist die »Methode der progressiv ansteigenden Widerstände«, Eingeweihten unter dem Namen »Pyramidentraining« bekannt. Das besondere Kennzeichen des Pyramidentrainings ist, dass die Gewichtbelastung innerhalb einer Übung von Satz zu Satz gesteigert wird, wodurch zwangsläufig die Anzahl der Wiederholungen von Satz zu Satz abnimmt.

Dieses System dient vorrangig der Steigerung der Maximalkraft und ist vor allem in der Disziplin »Bankdrücken« sehr beliebt. Eine solche Trainingspyramide könnte demnach folgendermaßen aussehen:

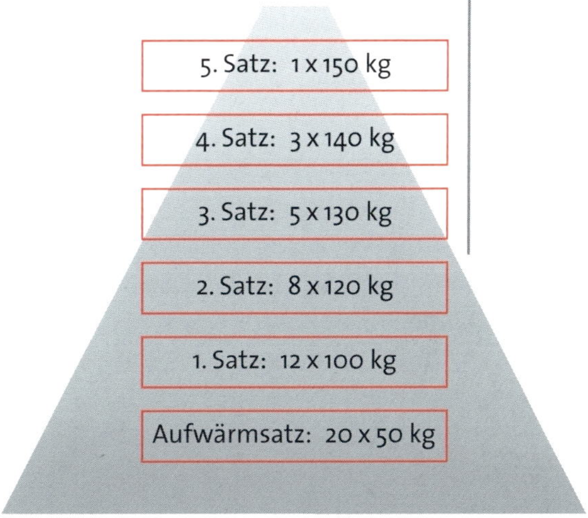

Auch hier sind die einzelnen Wiederholungszahlen für die unterschiedlichen Probanden nicht ohne weiteres übertragbar und müssen von jedem Trainierenden für sich neu ermittelt werden.

Wer fit genug ist und Zeit genug hat, der trainiert die Pyramide einmal rauf und einmal runter, d. h., man hört dann wieder mit dem kleinsten Gewicht auf.

Isometrisches Muskeltraining

Einen gänzlich anderen Weg als die bisher skizzierten Methoden geht die »Methode der isometrischen Anspannungen«, die gelegentlich auch als statisches Krafttraining bezeichnet wird. Beim isometrischen Krafttraining ist keine Bewegung erforderlich. Die Muskelanspannung erfolgt vielmehr statisch bei einem konstanten Gelenkwinkel. Das lässt sich z. B. erreichen, indem man beim Bizepstraining die Hantel in einer 90-Grad-Position von sich gestreckt hält. Das Gewicht wird dabei so hoch gewählt, dass die Haltezeit bei äußerster Anspannung nicht mehr als zwölf Sekunden beträgt. Russische Autoren empfehlen teilweise nur sechs Sekunden.

Der Vorteil des statischen Trainings ist, dass streng genommen für viele Übungen gar keine Hantel benötigt wird. So kann man z. B. Brust- und Armmuskulatur auch dadurch trainieren, dass man die Hände in verschiedener Weise gegeneinander presst, oder dass man gegen feste Gegenstände (Wände, Türrahmen) drückt. Mit Hanteln lässt sich dieses Trainingsprinzip noch verfeinern. Viele so genannte Intensivmethoden sind Mischformen mit mehr oder weniger großer Verwandtschaft zum isometrischen Training. Vorausgesetzt, dass man wirklich konzentriert mit höchster Anspannung arbeitet, ist das Training verhältnismäßig gestrafft und kurz dauernd. Athleten, die nach diesem Prinzip trainieren, geben deshalb zumeist auch erheblich kürzere Trainingszeiten an als diejenigen, die sich durch eine endlose Kette von Sätzen und Wiederholungen quälen.

Ansonsten ist das isometrische Training vor allem für solche Sportler interessant, die im Urlaub kein Sportstudio vorfinden und mit einfachsten Mitteln einen »Muskelschwund« verhindern wollen.

Keine Wunder!

Eine Wundermethode ist das isometrische Training nicht. Nachteile sind vor allem die Verschlechterung der Muskelelastizität und die relativ ungünstige Belastung des Herz-Kreislauf-Systems. Dem kann man jedoch dadurch entgegenwirken, dass man seine Atemtechnik entwickelt und statische Übungen ausgewogen mit dynamischen Übungen kombiniert.

Exzentrisches Krafttraining

Dieses Krafttraining ist in doppeltem Wortsinn exzentrisch, denn zum einen ist es eine ungewöhnliche Trainingsform und zum anderen verdankt es seine Bezeichnung der Tatsache, dass hierbei der Muskel gegen seinen eigenen Widerstand gedehnt wird. Man spricht bisweilen auch vom dynamisch-negativen Krafttraining, umgangssprachlich besser bekannt unter dem Stichwort »Negativwiederholungen«. So liegt z. B. beim Bankdrücken der Schwerpunkt üblicherweise in der Phase, in der das Gewicht hochgedrückt wird. Beim exzentrischen Krafttraining betont man hingegen die Phase, in der das Gewicht herabgelassen wird. So kamen vor vielen Jahren einige Wissenschaftler zu dem Ergebnis, dass die Kraftentwicklung beim gezielten exzentrischen Training größer sei als beim herkömmlich dynamischen.

Natürlich enthält auch Letzteres immer eine exzentrische Komponente, doch da die Aufwärtsbewegung beim Bankdrücken viel schwerer ist als die Abwärtsbewegung, muss die Gewichtsbelastung zwangsläufig der schwächeren Phase angepasst werden. Anders sieht es aus, wenn man von vornherein mehr Gewicht verwendet als man von alleine schafft und sich bei der Aufwärtsbewegung von einem Trainingspartner helfen lässt. Abwärts muss man das »Übergewicht« dann natürlich selbst unter Kontrolle halten. Der Vorteil dieser Art des Trainings besteht offenbar darin, dass man den Muskel mit Gewichten trainieren kann, die man beim gewohnten Bewegungsablauf nie verwenden würde.

Beim Krafttraining wie beim Bergwandern: Bergab ist es zumindest für die Muskeln schwieriger als bergauf.

Periodisierung des Krafttrainings

Wer über längere Zeit regelmäßig trainiert, wird bereits die Erfahrung gemacht haben, dass man nicht ständig nach dem gleichen Trainingsprinzip trainieren sollte. Zum einen gewöhnen sich die Muskeln an eine bestimmte Belastungsart und es ist kein Fortschritt mehr zu beobachten, und zum

Das exzentrische Krafttraining ist nicht ganz ungefährlich, da bei dieser Form des Trainings Sehnen, Bänder und Gelenke auf die dabei auftretende erhebliche Belastung in keiner Weise vorbereitet sind. Gelegentlich eingesetzt mag einem exzentrisches Training über eine Phase hinweghelfen, in der die Leistungen stagnieren; auf lange Sicht ruiniert man damit jedoch Bänder und Sehnen.
Seit einigen Jahren wird auch die Tatsache diskutiert, dass Muskelkater vornehmlich nach exzentrischen Bewegungen auftritt. Legt man die mittlerweile sehr wahrscheinliche Theorie zugrunde, dass es sich beim Muskelkater um Kleinstverletzungen des Muskelgewebes handelt, muss man sich hier die Frage stellen, ob möglicher Nutzen und möglicher Schaden sich beim exzentrischen Training in einem akzeptablen Verhältnis zueinander befinden.

Ein zusätzliches Schnellkrafttraining kann verhindern, dass man durch Kraftsport langsamer wird.

anderen spielt auch unsere Psyche nicht mehr mit. Es kommt irgendwann zu einem deutlichen Motivationsverlust, der durch den mangelnden Fortschritt noch verstärkt wird. Änderungen in der Trainingsgestaltung können dem entgegenwirken.

In der ersten Phase steht der Aufbau von Muskulatur im Mittelpunkt unseres Interesses. Anfänger sollten in dieser Zeit versuchen, generell Muskelmasse zuzunehmen, während es für fortgeschrittene Athleten wichtiger ist, Schwachstellen aufzudecken und diese zu beseitigen. Um dieses Ziel zu verwirklichen, wird vorzugsweise mit recht hohen Trainingsumfängen bei Belastungsintensitäten von 60 bis 80 Prozent der Maximalkraft trainiert. Die dabei gewählte langsame bis mittlere Bewegungsgeschwindigkeit übt vor allem auf die langsamen Muskelfasern einen Trainings- und Wachstumsreiz aus, weshalb sich in dieser Zeit auch die Kontraktionsgeschwindigkeit des Muskels insgesamt verringert. Wer Krafttraining betreibt, um sich für andere Disziplinen in Form zu bringen, sollte deshalb auch jetzt ein spezielles Schnellkrafttraining durchführen.

Radfahren bietet sich als ausdauerorientiertes Ergänzungstraining besonders an.

Trainingsumfang

Zu Beginn der ersten Phase wird zunächst von Woche zu Woche der Umfang, d.h. die Zahl der Sätze und Wiederholungen, erhöht. Variationen des Trainingsprogramms und der gewählten Belastungen verhüten frühzeitige Stagnation. Zum Ende der Aufbauphase wird der Umfang des Trainingsprogramms langsam verringert, und gleichzeitig werden die Trainingsgewichte erhöht, bis sie schließlich bei über 70 Prozent des Maximalgewichts liegen. Von Zeit zu Zeit kann man auch an seine Leistungsgrenze gehen. Das Training mit schweren Gewichten verbessert das Zusammenspiel des Nerv-Muskel-Systems, was letztlich zu einer raschen Steigerung der Maximalkraft führt. Wir befinden uns also schon im zweiten Teil unseres Zyklus.

Wesentliche Muskelzuwächse werden in dieser zweiten Phase zwar nicht mehr auftreten, doch die Steigerung der Maximalkraft ermöglicht es, in der

Unbedingt regenerieren

Erholungspausen im periodischen Krafttraining sind unerlässlich

Zwischen die Phase der Kraftsteigerung und dem erneuten Einstieg in die Aufbauphase sollte man unbedingt eine Regenerationsphase einbauen.
Muskeln und Sehnen müssen zwischendurch immer wieder die Gelegenheit haben, sich vollständig regenerieren zu können, ansonsten wird man wegen ständiger Verspannungen oder Verletzungen ohnehin keinen nennenswerten Fortschritt im Training mehr machen.

Ein solches Regenerationstraining könnte aus zwei- bis dreimaligem lockerem Training mit mittelschweren Gewichten oder anderen Sportarten wie Squash, Tennis, Surfen, Skifahren oder Joggen bestehen. Folgen Sie einfach dem Angebot der jeweiligen Jahreszeit. Zusätzlich empfehlen sich Massagen, Sauna und andere passive Regenerationsmaßnahmen. Auf jeden Fall sollte es jedoch für ein heißes Bad mit entsprechenden durchblutungsfördernden Badezusätzen reichen.

nächsten Aufbauphase auch die höheren Trainingsumfänge mit schwereren Gewichten zu bewältigen, was sich dann wieder in deutlichem Massezuwachs niederschlagen sollte.

Zirkeltraining

Immer wieder begegne ich dem Vorurteil, dass Bodybuilder keine Ausdauer oder Kondition hätten. Im Grunde ist dies eine Frage der Vergleichsgruppe. Natürlich hat ein Kraftsportler in der Regel nicht die Kondition eines Ausdauersportlers, der ja auch nichts anderes trainiert. Aber dem Vergleich mit einem reinen »Stubenhocker« können die meisten Bodybuilder gewiss gelassen entgegensehen. Es ist allerdings tatsächlich so, dass die meisten Bodybuilder – und das beginnt schon beim Freizeitbodybuilder – zu wenig für ihre allgemeine Ausdauer tun. Zugegeben, intensives Bodybuilding ist nicht nur anstrengend, sondern bisweilen auch enorm zeitaufwändig. Bei einem achtstündigen Arbeitstag und der An- und Abfahrt zum Studio bleibt den wenigsten die Zeit, noch ins Grüne zu fahren und dort zu joggen oder zu radeln. Dazu kommt, dass viele Athletinnen und Athleten den Weg ins Studio gewählt haben, gerade weil sie dort wetterunabhängig trainieren können.

Doch auch im Studio lässt sich das Herz-Kreislauf-System effektiv trainieren, und das nicht nur an speziell dafür geeigneten Kardiogeräten wie Stepper, Laufband oder Fahrradergometer. Der Schlüssel dazu ist ein Trainingssystem, das die meisten noch aus

Auch bei regelmäßigem Kraftsport sollte ein Herz-Kreislauf-Training nicht zu kurz kommen.

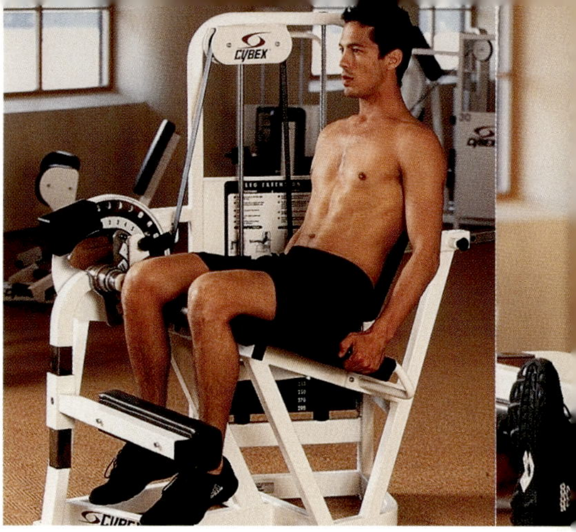

BILD LINKS: *Beim »Beinstrecker« muss sich das Knie in der Drehachse des Geräts befinden.*

BILD RECHTS: *Die Knie sollten bei dieser Übung nie ganz durchgedrückt werden, und Sie sollten niemals mit Schwung arbeiten!*

Gerade das »alte« Zirkeltraining gewinnt durch moderne Trainingsgeräte wieder an Bedeutung.

ihrer Schulzeit kennen müssten: das Zirkeltraining. Erinnern Sie sich noch, wie dabei der Puls »auf Touren« kam? Im Studio ist der Ablauf vergleichbar, lediglich Medizinball, Sprossenwand und Kasten werden hier durch moderne Trainingsmaschinen ersetzt.

Trainingsmaschinen sollten hierbei der freien Hantel so weit wie möglich vorgezogen werden, da gegen Ende des Zirkels ein Grad an Erschöpfung erreicht ist, der das Üben mit freien Gewichten zu riskant werden lässt. Wenn sich das nicht bei jeder Übung einrichten lässt, sollten Sie zumindest risikolosere Bewegungen wählen, z. B. statt Curls mit der Langhantel Konzentrationscurls im Sitzen mit Kurzhanteln.

Trainingsablauf

Wählen Sie für jede Muskelgruppe eine Übung aus. Beginnen Sie mit der größten Muskelgruppe, nämlich der der Beine. Da gegen die Uhr trainiert wird, kommen Kniebeugen hierbei nicht infrage. Das Verletzungsrisiko aufgrund fehlerhafter Ausführung ist einfach zu groß. Besser ist die Beinpresse. Doch hier wie auch bei allen anderen Übungen gilt: Jede Wiederholung muss sauber und korrekt ausgeführt werden. Bitte kein hektisches Abfälschen, auch wenn die Uhr läuft, denn für jede Übung stehen nur 60 Sekunden zur Verfügung! Zwischen den Übungen kann jeweils für 30 Sekunden pausiert werden. Und die Pausen zwischen den Durchgängen (Zirkeln) sollten drei bis fünf Minuten nicht überschreiten. An die Beinübung schließen sich die Übungen für Rücken und Brust an. Es folgen Schultern, Trizeps und Bizeps, und den Abschluss bildet eine Übung für die Bauchmuskulatur. Je nach Leistungsstand sollten drei bis fünf solcher Durchgänge ausgeführt werden. Da die Übungen sehr schnell aufeinander folgen, versteht es sich von selbst, dass die Gewichtsbelastung deutlich niedriger gewählt werden muss als bei einem reinen Krafttraining. Trotzdem wird diese Art der Belastung nicht nur die Kondition günstig beeinflussen, sondern auch das Aussehen der Muskulatur. Zweimaliges Training in der

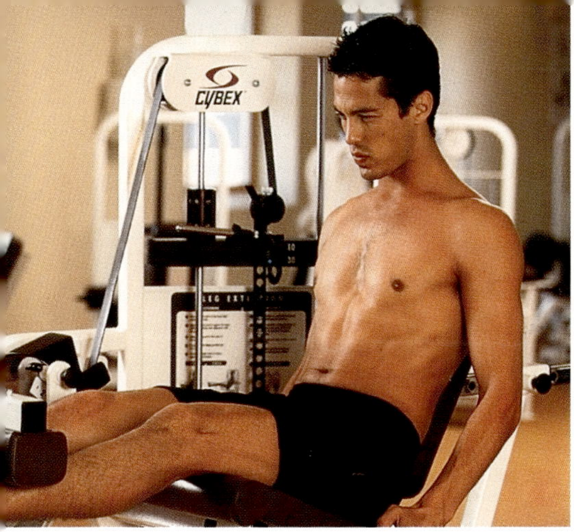

Woche ist allerdings das Minimum für einen nachhaltigen Erfolg, andernfalls sind die Pausen zwischen den einzelnen Trainingseinheiten zu groß.

Wer hingegen seine kostbare Zeit doch lieber dem reinen Krafttraining widmen möchte, sollte zumindest vor jedem Beintraining für 10 bis 15 Minuten an einem der eingangs erwähnten Kardiogeräte trainieren. Das bringt dann nicht nur den Kreislauf in Schwung, sondern es wärmt bereits die Beine für die anstehenden Kraftübungen auf.

Vorauserschöpfung

Bei den Grundübungen wie z. B. dem Bankdrücken für die Brust oder dem Latissimusziehen für den großen Rückenmuskel steht man stets vor dem Problem, dass die Hilfsmuskeln, die zumindest bei diesen Übungen nicht im Zentrum des Interesses stehen, die begrenzenden Faktoren für diese Übungen sind. So scheitern bei vielen die letzten Wiederholungen im Bankdrücken wegen mangelnder Stärke des Trizeps, entsprechend begrenzt die Kraft des Bizeps die Wiederholungen für den Latissimus. Das bedeutet aber, dass die Hauptmuskeln, hier Brust und Latissimus, in diesen Fällen keinen ausreichenden Trainingsreiz erfahren.

Das Prinzip der Vorauserschöpfung optimiert nun die Effektivität einer Übung durch die relative Stärkung der an der Übung beteiligten schwächeren Muskeln, indem die stärkste Muskelgruppe zuvor geschwächt wird. Dies geschieht durch eine so genannte isolierte Bewegung, die vor der Grundübung ausgeführt wird. So könnten die Brustmuskeln beispielsweise durch einen Satz fliegende Bewegung (siehe Seite 33) »vorauserschöpft« werden, bevor sie ohne Pause im folgenden Satz Bankdrücken dann bis an ihre Leistungsgrenze geführt werden. Natürlich ist diese Art des Trainings so intensiv und anspruchsvoll, dass sie erstens im Trainingsplan eines Anfängers nichts zu suchen hat und man zweitens zwangsläufig Abstriche bei der Gewichtsbelastung machen muss. Die Wirkung auf die Muskulatur ist dennoch außerordentlich groß. Abgesehen von »Up and down the rack« (siehe Seite 58f.) kann man mit keiner anderen Trainingsmethode einen ähn-

Hauptmuskeln

Unter dem Begriff »Hauptmuskeln« versteht man jeweils die Muskeln, die mit einer bestimmten Übung vorrangig trainiert werden sollen.

Nackendrücken ist eine Grundübung für die Schultern, obwohl die Trizeps mit trainiert werden.

Das so genannte Seitheben ist ein gutes Einsteigertraining für die Schultermuskulatur. Die Schultern sollten sich dabei immer auf Höhe der Drehachse des Geräts befinden.

Richtig eingesetzt, gehört die Vorauserschöpfung zu den effektivsten Trainingsmethoden, die es im modernen Bodybuilding gibt.

lichen Pump erzielen wie mit der Vorauserschöpfung. Ähnlich wie beim Brusttraining kann man nach dieser Methode auch bei anderen großen Muskelgruppen vorgehen. So lässt sich das Oberschenkeltraining intensivieren, indem man z. B. vor den Kniebeugen einen Satz Beinstrecken ausführt. Um die Bizeps zu schonen und den Rücken zu ermüden, empfiehlt sich ein Satz Hyperextensions vor dem Rudern, und Seitheben ermüdet die Schultern, bevor man ihnen beim Nackendrücken noch einmal alles abverlangen kann.

Wichtig ist nur, dass beim Wechsel zwischen den Übungen keine oder nur minimale Pausen entstehen. Am besten, man führt das Seitheben gleich im Sitzen an der Multipresse aus, legt kurz die Hanteln ab und geht dann sofort zum Nackendrücken über.

Natürlich ist das Prinzip der Vorauserschöpfung nicht für einen Einsatz über das ganze Jahr geeignet. Doch von Zeit zu Zeit angewandt, kann es helfen, Stagnation zu überwinden und die Leistung noch einmal deutlich zu verbessern. Man sollte allerdings stets nur eine Muskelgruppe nach dieser Methode trainieren, die anderen Muskelgruppen sollten auf herkömmliche Weise weitertrainiert werden. Andernfalls wäre die Belastung des Zentralnervensystems so groß, dass es rasch zu Übertrainingssymptomen kommen könnte, und genau das Gegenteil von dem erreicht wird, was beabsichtigt ist.

Ganzkörpertraining und Split-System

Beim Ganzkörpertraining handelt es sich um eine »klassische« Methode, bei der zunächst zwei- und später dreimal in der Woche alle Muskelpartien trainiert werden. Die verbleibenden Wochentage dienen der Erholung. Insbesondere Fitnesssportler, die das Augenmerk weniger auf gewaltige Muskulatur an bestimmten Stellen, sondern mehr auf allgemeine körperliche Ertüchtigung richten, können zweifelsohne von einem solchen Ganzkörpertraining profitieren.

Zwei Varianten empfehlen sich beim Aufbau eines solchen Trainings, die sich beide bewährt haben. Einmal geht man von den großen Muskelgruppen zu den kleinen. Man trainiert also in der Reihenfolge: Beine, Rücken, Brust, Schultern, Trizeps, Bizeps, Waden, Bauch. Die zweite Möglichkeit nutzt gezielt den Weg, den das Blut während des Trainings nimmt. So bereitet beispielsweise die günstige Durchblutungssituation, die beim Rückentraining auch im Bizeps geschaffen wird, den Weg für das anschließende Training dieser Muskelgruppe. Entsprechend würde die Reihenfolge hier folgendermaßen aussehen: Brust, Schultern, Trizeps, Rücken, Bizeps, Beine und Waden. Einige Sätze für die Bauchmuskeln runden das Programm ab.

Diese zweite Variante bietet aber zugleich auch einen Einstieg in ein Split-System, bei dem man das gesamte Trainingsprogramm auf zwei oder drei Tage verteilt. Je nachdem, ob man nun nur an diesen zwei bis drei Tagen oder sogar an vier bis sechs Tagen in der Woche trainiert, hat man in jedem Fall den ganzen Körper ein- oder zweimal pro Woche insgesamt gefordert. Bei richtiger Aufteilung kann man sogar bei fast täglichem Training den einzelnen Muskelgruppen genügend Zeit zu ausreichender Regeneration geben.

Bewährt hat sich hier das so genannte Pull-Push-System. Aus der Erkenntnis, dass alle Zugübungen (Pull) auch die Bizepsmuskulatur belasten, fasst man so alle Übungen für den Latissimus und den Bizeps zusam-

Pausenloses Training schadet eher als dass es hilft. Denn Muskeln wachsen nur bei ausreichend langen Regenerationsphasen.

- Sowohl für das Ganzkörpertraining als auch für das Split-System gilt, dass die schwächeren Muskeln nicht vor den stärkeren ermüdet werden dürfen. Wer also den Trizeps vor den Brustübungen oder den Bizeps vor den Zugübungen trainiert hat, bleibt bei den großen Übungen stets unterhalb seiner vollen Leistungmöglichkeit.
- Dies gilt auch für aufeinander folgende Tage, da man für jeden Muskel mit Ausnahme von Bauch und Waden eine Regenerationszeit von etwa 48 Stunden ansetzt.

men. An einem anderen Trainingstag bündelt man nun alle Übungen, bei denen gedrückt (Push) wird, also Brust, Schultern und Bizeps. Die Beine bekommen entweder einen eigenen Trainingstag, oder sie werden den weniger aufwändigen Zugübungen vorgeschaltet. Der Bauch wird grundsätzlich an jedem Tag trainiert, denn zum einen sollen ja die Bauchmuskeln gar nicht so dick werden, und zum anderen trainiert man den Bauch nicht mit Gewichten, so dass hier die Erholungszeiten deutlich kürzer sind.

Die verschiedenen Übungen

Die Grundübungen können mit einer überschaubaren Anzahl an Geräten durchgeführt werden.

Nur eine gewisse Trainingsvielfalt garantiert zugleich eine gute Muskelqualität. Diese Qualität hat durchaus eine physiologische und eine kosmetische Komponente. Einseitig trainierte Muskeln neigen häufig zu Verkürzungen, schlechter Durchblutung oder – insbesondere bei geteilten Muskeln – zu einer einseitigen Entwicklung. So kann man z. B. bei Frauen und Männern, die im Bankdrücken relativ gut sind, beobachten, dass der vordere Schultermuskel um ein Vielfaches größer ist als die anderen Teile. Hat diese Entwicklung erst einmal begonnen, ist sie kaum noch korrigierbar, da nun auch ein spezielles Schultertraining stets von diesem besser entwickelten Teil dominiert wird. Darunter leidet aber auch die Bewegungsqualität beim Training der Schulter, denn wenn man nun die »unterentwickelten« Teile gezielt ansprechen will, entartet das Training zu einer fast aussichtslosen Quälerei, weil man dem stärkeren Teil die Teilnahme an der Übung ja nicht »verbieten« kann.

Auch eine deutlich sichtbare Teilung einer Muskelgruppe, die den Muskel wie »gemeißelt« aussehen lässt (im Fachjargon: Definition), erreicht man nicht durch einseitiges Training. So wird der Bizeps nur mit Langhantelcurls zwar groß und massig, die berühmte Längsteilung des

Zu Hause üben
Die Grundausstattung

Sofern man sich für das Heimtraining doch mit etwas Zubehör ausstatten möchte, ist die folgende Grundausstattung empfehlenswert:

- Eine (möglichst verstellbare) Flachbank
- Ein Paar Kurzhantelstangen
- Eine Langhantelstange
- Gewichtscheiben nach Belieben, sofern sie auf alle drei Hantelstangen passen

Muskels in zwei Köpfe, von der er ja seinen Namen hat, wird man so aber nur bei ausgesprochenen Naturtalenten sehen. Erst recht gilt das für noch stärker geteilte Muskelgruppen wie den dreigeteilten Trizeps des Oberarms und den viergeteilten Quadrizeps des vorderen Oberschenkels.

Es ist also Vielfalt angesagt beim Training der Muskulatur, und deshalb wollen wir uns nun mit den verschiedenen Trainingsmöglichkeiten für die wichtigsten Muskelgruppen auseinander setzen.

Das Training einzelner Muskelgruppen

An dieser Stelle sollen sowohl diejenigen Leser Trainingshinweise bekommen, die in einem Sportstudio trainieren, als auch diejenigen, die sich für ein Heimtraining entschieden haben.

Es mag viele Gründe geben, zu Hause zu trainieren: Sei es, dass das nächste Sportstudio zu weit weg ist, dass man nur für »zwischendurch« nicht das Haus verlassen möchte oder dass man erst einmal in den eigenen vier Wänden erproben möchte, ob einem dieser Sport überhaupt liegt.

In diesen Fällen hat man die Möglichkeit, entweder ohne jede Ausrüstung oder aber mit einer Minimalausstattung an Geräten zu trainieren. Wir wollen beide Möglichkeiten berücksichtigen und einige Übungen beschreiben, die ganz ohne oder aber mit wenig Aufwand in den eigenen vier Wänden ausgeführt werden können.

Ich werde die großen Muskelgruppen herausgreifen und die dazu passenden Übungen vorstellen. In jeder dynamischen, d. h. in jeder beweglichen Übung werden jeweils acht bis zwölf Wiederholungen hintereinander ausgeführt. Eine solche Einheit ist ein »Satz«. Jede Übung für eine bestimmte Muskelgruppe besteht aus vier bis fünf solchen Sätzen. Bei den statischen Übungen, wo ein Gewicht ledig-

Eine bestimmte Anzahl von gleichartigen Wiederholungen hintereinander bezeichnet man als Satz.

Für die Brust gibt es eine weite Palette von Übungen, vom Liegestütz bis zum Bankdrücken.

lich gehalten oder ohne Bewegung gegen einen Gegenstand gedrückt wird, besteht ein Satz lediglich aus einer einzigen Anspannung, die aber für sieben Sekunden gehalten wird.

Brust

Der große Brustmuskel hat anatomisch gesehen vor allem die Aufgabe, die Oberarme vor der Brust zusammenzuführen. Seine kosmetische Bedeutung liegt bei Männern in dem berühmten »breiten Brustkorb«.

OHNE HANTELN: Infrage kommen hier vor allem die klassischen Liegestütze. Um die Belastung etwas mehr von den Trizepsmuskeln der Oberarme auf die Brustmuskeln zu verlagern, empfiehlt sich eine möglichst breite Stellung der Hände. Erschwerend kann man die Beine auf eine Unterlage (z. B. auf ein Bett) legen.

Fortgeschrittene können sich mit seitlich ausgestreckten Armen auf den Boden legen und müssen nun versuchen, sich nur mit der Kraft der Brustmuskeln nach oben zu drücken. Diese hohe Anspannung muss man etwa 10 bis 15 Sekunden halten. Vor dieser etwas anspruchsvolleren Übung sollte man sich aber mit normalen Liegestützen aufwärmen.

Die fliegende Bewegung mit Kurzhanteln kräftigt und dehnt die Brustmuskulatur. Die Ellbogen bleiben bei dieser Übung immer leicht gebeugt.

Beim Bankdrücken darf die Hantel unten die Brust zwar berühren, sie sollte aber nicht auf der Brust »abgelegt« werden.

MIT KURZHANTELN UND FLACHBANK: Man legt sich mit den Kurzhanteln auf die Flachbank, hebt diese parallel bis über das Gesicht und lässt die Hanteln in dieser Ausrichtung mit leicht angewinkelten Armen vorsichtig so weit wie möglich herunter. Diese Übung heißt aus nahe liegenden Gründen fliegende Bewegung. Wer viele Hantelscheiben zur Verfügung hat, sollte grundsätzlich erst einmal mit kleinen Gewichten anfangen, um sich dann schrittweise an das größere Gewicht heranzutasten. Das gilt auch für alle folgenden Übungen.

In ähnlicher Weise wie die fliegende Bewegung funktioniert auch die nächste Übung für die Brustmuskulatur, bei der die Hanteln während der Abwärtsbewegung um 90 Grad nach innen gedreht und die Arme stärker gebeugt werden, so dass die Unterarme in der untersten Position senkrecht nach oben zeigen. Die Hanteln werden anschließend regelrecht nach oben gedrückt, man spricht deshalb hier von Kurzhantelbankdrücken, bei dem man in der Regel höhere Gewichte bewältigt als bei der eben beschriebenen fliegenden Bewegung.

MIT LANGHANTEL UND FLACHBANK: Bei dieser Übungskonfiguration empfiehlt sich das klassische Bankdrücken, d. h., man liegt waagerecht auf der Bank und drückt die Langhantel von der Brust aus nach oben. Wer allerdings an seiner Hantelbank keine Ablagevorrichtung für die Hantel hat, wird sich hier auf kleine Gewichte beschränken müssen.

In Studios hat man zumeist noch die Möglichkeit, eine Schrägbank zu benutzen, bei der der Oberkörper entweder leicht nach oben oder nach un-

Beim Training auf der Flachbank sollte zur Schonung der Bandscheiben ein Hohlkreuz möglichst vermieden werden.

Die effektiven und gelenkschonenden Seilzüge – auch Crosszüge am Doppelturm genannt – trainieren Brust und Schultern und dehnen zudem die Brustmuskulatur. Wichtig dabei ist, die Arme vorn wirklich ganz zusammen oder sogar übereinander zu bringen.

ten zeigt. Oft wird behauptet, dass man damit die obere oder untere Brust trainiert. Ich halte diese Aussage für fragwürdig, da der gesamte Brustmuskel in einem einzigen Sehnenstrang an der vorderen Schulter zusammenläuft. Wahrscheinlich kommen hier lediglich andere Hilfsmuskeln zum Einsatz. Tatsache ist, dass diese Varianten des Flachbankdrückens für den Anfänger ungeeignet sind, denn solange man nicht die nötige Sicherheit an der waagerechten Grundübung erlangt hat, sollte man von Spezialübungen Abstand nehmen.

An Geräten: Auch an Geräten ist die Grundübung Flachbankdrücken möglich. Der Vorteil dieser Geräte ist, dass man erst einmal etwas Grundkraft aufbauen kann, ohne sich auf die Bewegungsqualität konzentrieren zu müssen. Sollte man allerdings irgendwann auf die freie Hantel »umsteigen«, ist Vorsicht bei der Auswahl des Gewichts angesagt. Zum einen sind die Werte an der Maschine wegen der Hebelverhältnisse nicht auf freie Gewichte übertragbar, und zum anderen hat man ja mit der freien Bewegung noch gar keine Erfahrung.

Ergänzend zur Grundübung Flachbankdrücken gibt es zahlreiche andere Möglichkeiten, die Brustmuskeln zu

In der Butterfly-Maschine sollten die Arme vor der Brust immer ganz zusammengeführt werden.

trainieren. Eine Maschine, bei der man im Sitzen beide Arme gegen einen Widerstand vorn zusammendrückt, heißt Butterfly.

Gesünder, weil in der Bewegung freier, ist der doppelte Kabelzug, bei dem man leicht vorgebeugt in der Mitte zwischen beiden Kabelzügen stehend die Arme leicht angewinkelt vor der Brust zusammenführt. Das Besondere an beiden Übungen für die Brustmuskulatur ist, dass im Gegensatz zu Hantelübungen auch am Ende der Bewegung noch die volle Spannung am Brustmuskel anliegt.

Schultern

Der Deltamuskel des Schulterkopfs dient vor allem dazu, die Arme nach oben zu bewegen. Wird er dabei nicht ausreichend vom großen Brustmuskel unterstützt, ist er jedoch relativ schwach und wird deshalb in der Regel mit kleineren Gewichten trainiert.

OHNE HANTELN: Man stellt sich beispielsweise in eine Türöffnung und drückt mit beiden Armen gegen den oberen Rand des Türrahmens. Diese Anspannung wird etwa sieben Sekunden gehalten. Anschließend wird das Ganze mit Pausen von etwa einer Minute viermal wiederholt.

MIT KURZHANTELN: Man stellt sich mit beiden Hanteln in die Mitte des Zimmers, die Arme hängen locker herab. Man winkelt sodann die Arme ganz leicht ein und hebt die beiden Hanteln bis in eine Position, die der »Zehn-vor-zwei«-Stellung der Uhrzeiger entspricht. Diese Position kurz halten und

Beim Seitheben sind die Unterarme während der ganzen Bewegung leicht angewinkelt.

Beim Nackendrücken werden die Kurzhanteln aus der Ausgangsposition allmählich auf Schulterhöhe abgesenkt. Geübte können die Gewichte nach dem Absenken vor den Körper bringen, wieder ausdrehen und erneut hochdrücken.

Bei allen Übungen, in denen mit den Armen gedrückt wird, sollte man stets darauf achten, kein Hohlkreuz zu machen.

die Arme langsam wieder nach unten führen. Diese Übung bezeichnet man als Seitheben.

In der gleichen Weise, wie man die fliegende Übung mit schwereren Gewichten in das Kurzhantelbankdrücken verwandelt, lässt sich auch das Seitheben in ein Kurzhantelnackendrücken umwandeln. In diesem Fall sollte man die Übung jedoch möglichst im Sitzen auf der senkrecht gestellten Trainingsbank durchführen, um den Rücken zu stabilisieren.

MIT LANGHANTEL UND TRAININGSBANK: Flachbank senkrecht stellen, stabile Sitzposition einnehmen und Hantel entweder auf die obere Brust oder auf die Trapezmuskeln im Nacken legen. Sodann Hantel senkrecht nach oben drücken. Auch hier ist natürlich eine Ablage für die Langhantel günstig. Der untere Rücken sollte stets in Kontakt mit der Bank bleiben, ein deutliches Hohlkreuz ist unbedingt zu vermeiden.

AN GERÄTEN: Es gibt zahlreiche Maschinen, an denen man im Sitzen Gewichte in Form von Scheiben oder sogar hydraulischen Widerständen nach oben drücken kann. Immer ist jedoch darauf zu achten, dass dabei kein Rundrücken und auch kein allzu starkes Hohlkreuz gemacht wird.

Trizeps

Die Trizepsmuskeln an der Rückseite der Oberarme dienen vor allem der Streckung der Arme. Vom Volumen und Aussehen her dominiert diese Muskelgruppe den Oberarm fast doppelt so stark wie der Bizepsmuskel. Wer also einen »dicken« Oberarm

oder sitzen, den Oberarm senkrecht zum Kopf heben und nun durch ausschließliches Beugen des Unterarms die Hantel hinter dem Kopf nach oben drücken.

MIT LANGHANTEL UND TRAININGSBANK: Senkrecht auf die Bank setzen, beide Oberarme senkrecht heben und die Hantel hinter dem Kopf herunterlassen und wieder heben. Die Bewegung darf nur aus den Unterarmen kommen, die Oberarme müssen ruhig bleiben. Man kann sich auch auf die Bank legen und die Übung in ähnlicher Weise im Liegen ausführen, wobei man die Hantel zum Schluss bis über das Gesicht drückt. Da man die Hantel hierbei direkt vom Boden nimmt und nach dem Satz auch un-

wünscht, darf das regelmäßige Training der Trizepsmuskeln auf keinen Fall vernachlässigen.

OHNE HANTELN: Am einfachsten lässt sich der Trizeps an der Rückseite der Oberarme durch Liegestütze mit enger Handhaltung trainieren.

MIT KURZHANTELN: Eine Kurzhantel in die Hand nehmen, senkrecht stehen

Es sind weniger die berühmten Bizeps- als vielmehr die Trizepsmuskeln, die dem Oberarm das gewünschte Volumen verleihen.

Beim Trizepsdrücken mit der Kurzhantel sicherheitshalber den festen Sitz der Hantelscheiben kontrollieren!

Das beidarmige Trizepsdrücken am Seilzug trainiert auch die Bauchmuskeln. Die Oberarme sollten dabei eng am Körper gehalten werden.

Ob am Seilzug oder beim Drücken in enger Griffhaltung an der Langhantel – die Oberarme dürfen beim Trizepstraining nicht bewegt werden. Die Handgelenke ebenfalls gerade fixiert halten.

mittelbar wieder auf den Boden zurücklegt, kann man hier höhere Gewichte verwenden.

Auch Bankdrücken (siehe Brusttraining) mit enger Griffhaltung trainiert die Trizepsmuskeln, belastet allerdings stark die Gelenke.

AN GERÄTEN: Am beliebtesten sind hier Kabelzüge, an denen man stehend sowohl im Ober- als auch im Untergriff, ein- oder beidarmig, gegen den Widerstand nach unten drückt. Auch wenn man häufig das Gegenteil beobachtet, sollte wegen der kompletten Dehnung des Muskels möglichst der gesamte Bewegungsspielraum ausgenutzt werden. Um eine Überdehnung zu vermeiden, darf man in der negativen Phase, in der die Bewegung wieder nach oben geht, die Gewichte nicht einfach fallen lassen. Die Oberarme

Im angespannten Zustand ist bei einem austrainierten Trizeps die Dreiteilung oft recht gut zu erkennen.

sind bei der gesamten Übung möglichst senkrecht am Oberkörper zu halten, so dass die Bewegung nur aus den Trizepsmuskeln kommt.

Bizeps

Die Bizepsmuskeln an der Armvorderseite dienen vorrangig der Beugung der Arme. Sie spielen aber auch eine Rolle, wenn wir in Verbindung mit den Schulter- und Rückenmuskeln die Arme nach hinten ziehen. Außerdem wirkt der Bizeps bei zahlreichen Übungen stabilisierend.

OHNE HANTELN: Einen schwereren Gegenstand (z. B. Mineralwasserkasten) durch ausschließliches Beugen des Bizeps heben. Sie können den Kasten vor sich auf den Tisch stellen, oder Sie lassen ihn sich von einem Trainingspartner anreichen. Beim Anheben dürfen nun lediglich die Unterarme angewinkelt werden, der Rücken muss absolut ruhig gehalten werden. Zur Sicherheit lehnen Sie sich mit dem Rücken an die Wand.

MIT KURZHANTELN: Für die Bizepsmuskulatur gibt es eine unübersehbare Vielfalt von Übungen mit Kurzhanteln, die Sie im Sitzen oder im Stehen, einarmig oder beidarmig, mit oder ohne Drehbewegung ausführen können und die jeweils in winzigen Nuancen unterschiedlich wirken. Wichtig bei allen Bizepsübungen ist, dass nur der Unterarm bewegt wird und der Oberarm ruhig bleibt, indem Sie ihn z. B. im Sitzen am Oberschenkel abstützen (»Konzentrationscurl«).

Bei dem sehr effektiven so genannten Konzentrationscurl setzen Sie sich breitbeinig auf eine flache Bank. Grei-

Da der Bizeps für viele andere Sportarten nur eine untergeordnete Funktion hat, gilt er als der typische Muskel der Bodybuilder.

Richtig ausgeführt ist der Konzentrationscurl eine der besten Bizepsübungen. Auch wenn die Versuchung noch so groß ist: Der stützende Oberschenkel darf sich nicht bewegen.

Der Langhantelcurl im Stehen ist nur sinnvoll, wenn man nicht mit dem Oberkörper Schwung holt und die Oberarme senkrecht bleiben.

Insbesondere beim Bizepstraining sollte man der Versuchung widerstehen, die Übung durch Schwung abzufälschen.

fen Sie mit der rechten Hand die am Boden liegende Kurzhantel, und stützen Sie den rechten Oberarm in Höhe des Ellbogengelenks am rechten Oberschenkel ab.

Führen Sie anschließend das Gewicht in waagerechter Griffhaltung so weit wie möglich nach oben. Der Oberschenkel verhindert in diesem Fall das Ausweichen des Oberarms nach hinten. In gleicher Weise verfahren Sie nach der entsprechenden Anzahl von Wiederholungen ohne große Pause mit dem anderen Arm. Da die Arme hier abwechselnd trainiert werden, können die Pausen zwischen den einzelnen Sätzen relativ kurz gehalten werden, denn der eine Arm kann sich ja in der Zeit »erholen«, in der der andere trainiert wird.

MIT LANGHANTEL: Die Langhantel wird etwa schulterbreit gegriffen. Heben Sie die Hantel nun nach oben, indem Sie die Unterarme anwinkeln. Dann langsam und kontrolliert wieder herablassen, bis die Arme nahezu vollständig gestreckt sind. Im Stehen ist darauf zu achten, dass nicht mit dem Oberkörper Schwung geholt wird und dass die Oberarme während der ganzen Übung unbeweglich senkrecht am Oberkörper anliegen. An einer Multifunktionsbank legen Sie die Arme über eine speziell dafür gefertigte gepolsterte Ablage (»Scottcurl«).

AN GERÄTEN: Den eben erwähnten Curl können Sie auch an eigens dafür gestalteten Maschinen ausführen. Im Unterschied zur Langhantel liegt dann auch im letzten Teil der Bewegung noch eine hohe Spannung.

Oberer Rücken

Der obere Rücken wird von den großen Muskeln des Latissimus dominiert, der im Idealfall dem gesamten Oberkörper ein V-förmiges Aussehen verleiht. Eine ausgeprägte Rückenmuskulatur kann optisch einige Pölsterchen an Taille und Hüften »verschwinden« lassen, weil sie den Oberkörper insgesamt vorteilhafter proportioniert. »Bauchlastige« Männer trösten sich dann auch schon ganz gerne damit, dass alles nicht so schlimm sein kann, wenn der nicht ganz korrekt bezeichnete »Brustumfang« des Oberkörpers den Umfang des Bauches noch deutlich übersteigt.

Die Aufgabe dieser Muskelgruppe besteht vor allem darin, die Oberarme an den Körper heranzuführen. Die Muskulatur des oberen Rückens wird deshalb ausschließlich mit Zugübungen trainiert.

OHNE HANTELN: Wer die Möglichkeit hat (Teppichstange o. Ä.), kann ohne Hanteln sogar eine der effektivsten Übungen für einen eindrucksvollen Rücken ausführen, nämlich den Klimmzug. Um die Belastung für den Bizeps nicht allzu groß werden zu lassen, sollten Sie keine allzu enge Griffhaltung wählen.

Umfassen Sie dazu die Stange in etwas mehr als schulterbreitem Abstand im Obergriff. Versuchen Sie dann, Ihren Körper so weit hochzuziehen, dass nach Möglichkeit der Kopf auf die Höhe der Stange kommt.

Es ist keine Schande, wenn Sie am Anfang nur wenige oder sogar gar keine Wiederholungen schaffen. Lassen Sie sich in diesem Fall von einem Trainingspartner helfen, der Sie leicht an den angewinkelten Beinen anhebt.

MIT KURZHANTELN: Stellen Sie sich aufrecht hin. Beugen Sie anschließend den Oberkörper waagerecht nach vorn. Stützen Sie sich dabei mit einer Hand ab (auf einer Trainingsbank oder einem niedrigen, stabilen Tisch). Mit der

Klimmzüge sind eine sehr effektive Übung für einen breiten Rücken; die saubere Ausführung der Übung gelingt am Anfang jedoch nur selten.

Beim Training an der Zugmaschine ist besonders darauf zu achten, dass die Stange bis deutlich hinter bzw. vor den Kopf gezogen wird. Die Stange sollte betont langsam zurückgelassen werden.

Schauen Sie nicht nur in den Badezimmerspiegel! Zu einem gut entwickelten Körper gehören auch gut entwickelte Beine!

anderen Hand die Kurzhantel vom Boden so hoch wie möglich heben (etwa bis zur Berührung mit der Brust). Der Oberkörper sollte unbewegt in der Waagerechten bleiben, die Bewegung kommt aus den Oberarmen.

An Geräten: Für den oberen Rücken setzt man in der Regel Zugmaschinen ein, an denen man sitzend eine Stange oder auch zwei Griffe nach unten zieht. Ein breiter Griff trainiert vor allem den Rücken, ein enger Griff, womöglich noch im Untergriff, trainiert eher die Bizeps. Auch an so genannten Rudermaschinen kann man den oberen Rücken trainieren. Optimal sind dabei moderne Geräte, die eine Bewegung des unteren Rückens schon von der Konstruktion her ausschließen. Ansonsten muss man selbst darauf achten, dass man die Zugbewegung nicht durch ein Wippen des Oberkörpers unterstützt.

In jedem professionellen Studio gibt es bessere Möglichkeiten, aber man kann die Oberschenkel auch mit Kurzhanteln trainieren. Der Rücken sollte bei der Kniebeuge immer gerade gehalten werden.

Oberschenkel

Die größten Muskeln des Oberschenkels bestehen aus dem großen Quadrizeps an der Vorderseite der Oberschenkel und dem Beinbizeps an der Rückseite. Der Quadrizeps streckt das Knie, der Beinbizeps beugt es. Es handelt sich hier um sehr große Muskelgruppen, so dass ein Training der Oberschenkel zumeist auch die allgemeine Fitness verbessert. Umgekehrt ist eine schlechte Kondition häufig auch der begrenzende Faktor beim Training dieser Muskeln. Damit können viele an einem Trainingstag, an dem die Beine trainiert werden, kaum noch andere Übungen ausführen. Um aber den unschönen »Wastl-Effekt« (in Erinnerung an eine frühe Komikfigur mit riesigem Oberkörper und spindeldürren Beinen) zu vermeiden, sollte das Training der Oberschenkel möglichst nicht vernachlässigt werden.

Mit und ohne Hanteln: Damit die empfindlichen Kniegelenke besser mit der Belastung fertig werden, sollte man jede Übung für die Oberschenkel mit einem sehr leichten Gewicht beginnen. Noch vorteilhafter wäre ein etwa 15-minütiges Aufwärmen auf dem Fahrradergometer. Dabei steigt die Temperatur im Kniegelenk um etwa 0,5 °C an. Dieser auf den ersten Blick kaum nennenswerte Temperaturunterschied steigert die Belastungsverträglichkeit des Gelenks um ein Vielfaches. Auch einige gymnastische Übungen wirken sich günstig auf das nachfolgende Krafttraining aus. Auch das gute alte Radfahren sollte man bei dem Training der Oberschenkel nicht vergessen.

Die effektivste, aber auch anspruchsvollste Übung für die gesamte Beinmuskulatur, insbesondere für die Oberschenkel und die Gesäßmuskeln, ist die Kniebeuge. Diese lässt sich selbstverständlich mit oder ohne Hanteln ausführen. In jedem Fall muss darauf geachtet werden, dass die Bewegung aus den Oberschenkeln kommt und nicht zu einer »Verbeugung« ausartet, es darf also kein Rundrücken gemacht werden. Ohne einen Spiegel – besser noch einen Trainingspartner oder Trainer – kann man eine korrekte Haltung aber kaum überprüfen. Anfänger sollten diese Übung deswegen entweder zunächst meiden oder sie grundsätzlich nur unter fachkundiger Anleitung und Hilfe ausführen. Da hier ähnlich wie bei Schulterübungen eine Belastung der Wirbelsäule auftritt, ist auch hier das Tragen eines Trainingsgürtels zur Entlastung der Lendenwirbel sinnvoll.

Harmloser ist die Kniebeuge zunächst ohne Gewicht und anschließend nur mit einer kleinen Kurzhantel in jeder Hand.

Die Fersen müssen bei der gesamten Übung auf dem Boden bleiben. Viele haben wegen verkürzter Sehnen im Fersenbereich auf dem Tiefpunkt der Kniebeuge häufig das nicht unberechtigte Gefühl, nach hinten zu kippen. Diese Tendenz muss zuvor unbedingt ohne Hantel überprüft werden! In einem solchen Fall genügen meist zwei kleine Hantelscheiben als Fersenunterlage, um den festen Stand wiederherzustellen.

Keine Übung verlangt dem gesamten Körper mehr Kraft und Kondition ab als die Kniebeuge.

Ausfallschritt

Legen Sie sich eine leichte Langhantelstange auf die Schultern. Stellen Sie sich ca. einen Meter vor der Trainingsbank oder einem niedrigen Stuhl auf. Treten Sie mit dem rechten Fuß auf die Unterlage, und beugen Sie das rechte Knie. Das linke Bein und den restlichen Körper halten Sie so gerade wie möglich, während Sie nun mit dem Körper möglichst weit herabgehen. Gehen Sie anschließend wieder in die Ausgangsstellung zurück, und wiederholen Sie die Übung mit dem linken Bein (siehe Abbildung Seite 44).

Ausfallschritte mit der Lang- oder mit Kurzhanteln sind eine viel zu selten genutzte und sehr effektive Übung für die Oberschenkelmuskulatur. Geübte können den Ausfallschritt auch rückwärts ausführen.

Die Quadrizeps an der Vorderseite der Oberschenkel sind eine der größten Muskelgruppen überhaupt.

Fortgeschrittene können diese Übung für die Oberschenkel ohne Bank oder Schemel ausführen.

An Geräten: Fast so effektiv wie die Kniebeuge, aber weniger gefährlich, ist die Beinpresse, in der man sitzend mit angelehntem Oberkörper ein mechanisch geführtes Gewicht nach oben drückt. Bei hohen Gewichten sollte man weder in der oberen noch in der unteren Postion allzu lange verweilen, sondern die Übung zügig und ohne Schwung zu Ende bringen. Mit dem Beinstrecker kann man dann noch gezielt den vorderen Teil des Oberschenkels, den Quadrizeps, trainieren.

Da der Quadrizeps bei einer Vielzahl täglicher Bewegungen belastet wird, beispielsweise beim Gehen, Laufen, Springen und Treppensteigen, müssen Reize, die auf eine Kraft- oder Umfangssteigerung dieses Muskels abzielen, natürlich entsprechend hoch gewählt werden.

Für die Übung Beinstrecken gilt die Empfehlung, dass der Hebel des Trainingsgerätes mit dem natürlichen Gelenkausschlag übereinstimmen, sich der Gelenkhebel also auf einer Linie mit den Kniegelenken befinden muss. Außerdem müssen die gepolsterten Schlitten, gegen die man mit dem untersten Teil der Knie – also fast schon mit den Füßen – drückt, den Größenunterschieden der Benutzer entsprechend verstellbar sein. Sind diese Voraussetzungen nicht erfüllt, besteht eine Gefährdung der Patellasehne und des vorderen Kreuzbands im Kniegelenk. Ist der Hebel zu kurz, so ist der Druck dieser Schlitten am Schienbein darüber hinaus ausgesprochen schmerzhaft.

Durch Beugen der Unterschenkel und zumeist im Liegen trainiert man an entsprechenden Geräten dann noch den hinteren Beinbizeps. Die Unterschenkel ragen über die Bank hinaus, und die Füße sind unter einem Hebel fixiert, der mit Scheiben- oder Steckgewichten verbunden ist. Durch die Aufwärtsbewegung der Unterschenkel bei auf der Bank fixierten Oberschenkeln kommt es zur Kontraktion des Beinbizeps. Es gibt auch eine stehende Variante dieser Maschine, bei der die

Unterschenkel nach hinten Richtung Gesäß gebracht werden. Bei allen Maschinen ist wie beim Beinstrecker darauf zu achten, dass sich das »Gelenk« der Maschine auf einer Linie mit den Kniegelenken befindet. Auch dürfen die Knie nicht auf der Bank aufliegen, da es durch den enormen Druck auf die Patellasehne zu Entzündungen kommen kann.

Waden

Die Waden strecken den Fuß. Sie tragen die Hauptlast, wenn wir uns auf die Zehenspitzen stellen. Entsprechend sehen auch alle Übungen für die Waden aus.

OHNE HANTELN UND GERÄTE: Stellen Sie sich mit den Zehenspitzen auf eine Treppenstufe oder auf ein Step, und gehen Sie mit den Fersen so weit wie möglich nach unten und nach oben. Halten Sie sich zur Sicherheit am Treppengeländer fest.

AN GERÄTEN: Entsprechende Geräte bieten hier im Grunde auch nichts anderes als die Treppenstufe, nur dass man das Gewicht variieren kann und in der Regel stabil steht oder sitzt. Da die Waden häufig bereits recht stark sind, kommen hier bei den meisten Trainierenden ungewohnt hohe Gewichte zum Einsatz. Es ist deswegen besonders darauf zu achten, dass bei diesen Übungen nicht mit zu viel Schwung trainiert wird.

Mit besonderer Sorgfalt kann man an diesen Maschinen auch der bereits erwähnten Verkürzung der Sehnen im Fersenbereich entgegenwirken, indem man mit aller Vorsicht und kleinerem Gewicht die Ferse so weit wie möglich nach unten beugt.

Bauch

Für die Bauchmuskulatur gibt es zahlreiche Übungen. Man setzt sich beispielsweise auf den Boden, legt die Beine auf eine erhöhte Unterlage (Bett oder Trainingsbank), bittet eventuell einen Trainingspartner, diese dort festzuhalten und beugt den Oberkörper nach oben. Ersatzweise kann man

»Stramme Waden«: Manche haben sie von Natur aus, andere müssen hart dafür arbeiten.

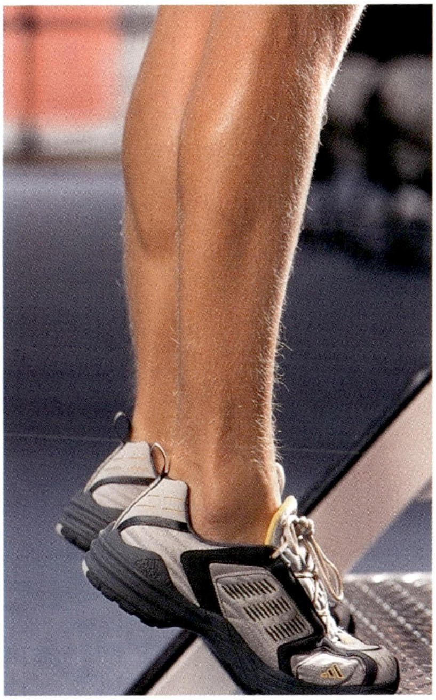

Bitte mit den Fersen möglichst weit nach oben gehen. Vorsicht bei Laufschuhen, die vorn abgerundet sind – hier herrscht Abrutschgefahr!

Die effektivsten Bauchübungen sind die Crunches, bei denen die Beugung weitestgehend durch die Bauchmuskulatur geschieht.

auch die Beine am Boden unter einem Schrank oder dem Bett fixieren, sollte dann aber während der Übung die Oberschenkel gebeugt halten.

Am effektivsten sind die so genannten Crunches. Man legt sich flach auf den Boden, faltet die Arme hinter den Kopf und beugt den Oberkörper nach oben. Dabei sollten möglichst nur die Bauchmuskeln gebeugt werden. Es ist weder sinnvoll noch notwendig, dass man sich komplett aufrichtet, denn dann werden vorrangig die Beugemuskeln im Bereich des Oberschenkels angespannt. Für einen derart großen Bewegungsspielraum sind die oberen Bauchmuskeln nämlich gar nicht gedacht.

Die untere Bauchmuskulatur kann man auch trainieren, indem man sich auf den Boden oder auf ein hartes Bett legt, sich mit den Armen irgendwo festhält und die Beine anhebt. Für den Bauch kann man so viele Wiederholungen pro Satz machen wie man schafft. Erschwerte Bauchübungen mit Hantelscheiben o.Ä. sind nicht unbedingt anzuraten. Zum einen sollen ja die Bauchmuskeln gar nicht richtig »dick« werden, zum anderen treten dann unter Umständen überhöhte Belastungen in der Wirbelsäule auf.

An Geräten: Wer an einem Schrägbrett trainiert, sollte dabei auf eine leichte Beugung der Oberschenkel achten. Manche Bauchbretter haben eine Vorrichtung eingebaut, die auch gar nichts anderes zulässt. Da bei diesen Bauchbeugen ein recht großer Druck auf den Lendenwirbelbereich ausgeübt wird, muss man bei Rückenbeschwerden sehr vorsichtig sein und die Übung bei Rückenschmerzen sofort abbrechen.

Es gibt auch Maschinen, in denen man den Rumpf in sitzender Haltung gegen einen Widerstand nach vorn

Mit der Übung »Beinheben« für die untere Bauchmuskulatur (links) und den Crunches für die oberen und mittleren Bauchmuskeln (rechts) kann man den Bauch sehr effektiv ganz ohne Geräte trainieren.

Die Crunches auf der Flachbank und das Anwinkeln der Beine bei aufgestützten Unterarmen sind weitere effektive Möglichkeiten, die Sie in einem gut ausgestatteten Fitnessstudio haben, um die Bauchmuskeln zu trainieren. Doch immer daran denken: Der Bauch wird dadurch nur fester (und damit oft auch schöner), Fett verbrennen Sie beim Krafttraining jedoch kaum.

beugt. Recht anspruchvoll sind jene Maschinen, in denen man auf dem Rücken liegt, wobei die Beine in senkrechter Lage fixiert sind, und man die Aufgabe hat, den Oberkörper nach oben zu beugen. Dabei kann man zwar nicht viel falsch machen, und diese Übung ist sicherlich auch sehr effektiv, Anfänger schaffen hier jedoch oftmals nicht eine einzige Wiederholung.

Übungen, die eher die untere Bauchmuskulatur trainieren, sind z. B. solche, bei denen man die Beine anhebt. Wer sich in eine entsprechende Maschine begibt, bei der man sich mit den Unterarmen abstützt, muss aber unbedingt auf einen festen Rückenkontakt achten.

Da bei fast allen Bauchmuskelübungen mehr oder weniger stark auch die Muskeln trainiert werden, mit denen man allgemein das Bein anzieht, sollte man stets darauf achten, dass die Bauchmuskulatur bei diesen Übungen auch wirklich arbeitet. Ein tastender Griff während der Übung an den Bauch kann einem hier schon weiterhelfen.

Weniger bekannt ist, dass man die Bauchmuskeln auch an einer Trizepszugmaschine trainieren kann. Der eine oder andere hat vielleicht schon festgestellt, dass beim Trizepstraining am Kabelzug die Bauchmuskeln aus Stabilisierungsgründen recht stark angespannt werden. Wenn man nun die Arme starr über den Kopf hält und sich gegen den Widerstand des Seilzugs nach unten beugt (im Stehen oder noch besser im Sitzen), kann man daraus ebenfalls eine recht effektive Bauchübung machen.

Achten Sie bei den hier beschriebenen Übungen darauf, dass wirklich vorrangig die Bauchmuskeln angespannt werden.

Trainingsprogramme

Die nun folgenden Trainingsprogramme gliedern sich in fünf Phasen. Wer nur etwas für seine Fitness und für seine Figur tun will, für den genügen die Phasen I, II und zur Regeneration die Phase V. Die Phasen I und II werden deshalb im Folgenden auch etwas detaillierter beschrieben.

Fortgeschrittene können, wenn sie eine weitere Verbesserung ihrer Kraft und ihres Aussehens wünschen, nach etwa einem halben Jahr zu Phase III übergehen. Wer dann nach etwa eineinhalb Jahren glaubt, er könne mit diesem Sport sogar Geld verdienen, der versucht sich in gewissen Abständen an Phase IV, sozusagen die Phase für die Profis.

Alle Übungen der Trainingsprogramme wurden auf den Seiten 30ff. ausführlich beschrieben. Dort sind auch Alternativübungen aufgezeigt, um den unterschiedlichen Voraussetzungen in verschiedenen Sportstudios oder eventuell der Ausstattung zu Hause gerecht zu werden.

Phase I – Allgemeine Fitness und Muskelkoordination

Diese Phase dient dem Erwerb einer allgemeinen Fitness und der Eingewöhnung der Muskulatur. Hier sollen die Bewegungsabläufe und die Atemtechnik eingeübt werden. Die Gewichtsbelastung steht hier nicht im Vordergrund. Alle großen Muskelgruppen werden dabei an einem Tag trainiert. Wer bereits trainingserprobt ist und mitten im Training steht, kann diese Phase überspringen.

»Wiedereinsteiger« sollten diese Phase jedoch noch vier- bis fünfmal durchlaufen, Anfänger mindestens sechs Trainingstage, d. h., bei zweimaligem Training pro Woche dauert diese Einstiegsphase etwa drei Wochen. Es ist unbedingt bei jeder Übung und jeder Wiederholung darauf zu achten, dass in der letzten Phase der Anstrengung ausgeatmet wird. Ein Trainer oder ein Trainingspartner sollte zudem auf eine saubere Ausführung der Bewegung achten. Wählen Sie in den ersten zwei Wochen ein Gewicht, mit dem die Ausführung jeder Übung problemlos möglich ist, und versuchen Sie erst ab der dritten Woche, die Belastung mäßig zu steigern.

Start

- Zum Aufwärmen und zur allgemeinen Fitness: mindestens 10 Minuten am Fahrradergometer oder Stepper

Beine

- 3 Sätze Beinstrecken mit je 10 Wiederholungen
- 3 Sätze Beinpresse mit je 10 Wiederholungen
- 2 Sätze Beinbizeps mit je 10 Wiederholungen
- 3 Sätze Waden mit je 15 Wiederholungen

Brust

- Aufwärmen durch leichte Gymnastik, Arme leicht nach hinten und im Kreis schwingen
- 3 Sätze Bankdrücken mit je 10 Wiederholungen (an der Maschine, alternativ Liegestütze)
- 3 Sätze an der Butterfly oder am Kabelzug mit je 10 Wiederholungen

Dem individuellen Fortschritt angepasst – die verschiedenen Phasen eines erfolgreichen Krafttrainings

Schulter

- 3 Sätze Nackendrücken mit je 10 Wiederholungen (im Sitzen an der Maschine, alternativ Kurzhanteln; dabei unbedingt Rundrücken vermeiden!)

Trizeps

- 3 Sätze Trizepsdrücken am Seilzug mit je 10 Wiederholungen (alternativ Liegestütze mit enger Armhaltung)

Oberer Rücken

- 3 Sätze zu je 10 Wiederholungen an der Latissimusmaschine mit breitem Obergriff (alternativ vorgebeugtes Rudern mit Kurzhanteln)

Bizeps

- 3 Sätze zu je 10 Wiederholungen an einer Bizepsmaschine oder angelehnt an eine Wand mit einer leichten (leeren) Langhantelstange (alternativ Kurzhanteln)

Bauch

- Wenn Sie an einem Bauchbrett oder an einer Maschine noch keine zehn Wiederholungen schaffen, legen Sie sich auf den flachen Boden, fixieren Sie die Füße an einem Gegenstand, oder bitten Sie einen Trainingspartner, diese festzuhalten. Winkeln Sie anschließend die Knie leicht an, und heben Sie vorsichtig den Oberkörper.
Im Grunde kann man hier so viele Wiederholungen machen, wie möglich sind, die Bauchmuskulatur wird aber zu Beginn noch nicht mitspielen. Insbesondere die sehr effektiven Crunches, bei denen die Bewegung wirklich aus der Leibesmitte kommt, und bei denen man im Idealfall die Füße nicht mehr fixiert, werden noch nicht möglich sein. Bedenken Sie, dass die Muskeln schon trainiert werden, wenn sie überhaupt angespannt werden.

Vor allem wer mit ein wenig Speck auf Bauch und Hüften einen zusätzlichen Widerstand überwinden muss, darf sich nicht dadurch frustrieren lassen, dass vielleicht nach der zweiten Wiederholung schon Schluss ist. Wer keine einzige Bauchbeuge schafft, trainiert zunächst einmal den unteren Bauch, indem er sich mit dem Oberkörper auf den Boden legt und die Beine anhebt. Bitte bei all diesen Übungen keinen Schwung holen!

Phase II – Muskelaufbautraining

Trainiert wird an mindestens zwei bis maximal vier Tagen in der Woche nach dem Zweifach-Split-System. Auch hier werden von jeder Übung zum Aufwärmen zwei leichte Sätze ausgeführt, bevor das eigentliche Training beginnt.

Wir orientieren uns bei der Gewichtsbelastung an einem Prozentsatz der Maximalkraft. Diese lässt sich natürlich bei einem Anfänger nur näherungsweise bestimmen, denn echte Maximalkrafttests sind im Anfangsstadium zu gefährlich. Achten Sie deshalb dort, wo es empfohlen wird, vorrangig auf eine variable Belastungsgestaltung, d. h., dass Sie bei weniger Wiederholungen etwas mehr Gewicht verwenden als bei mehr Wiederholungen. Sie können allerdings Ihr »theoretisches Maximalgewicht«

Trainingsprogramme

nach dem Pyramidensystem bestimmen, indem Sie ausprobieren, mit welchem Gewicht Sie so eben noch zehn Wiederholungen schaffen. Ihr Maximalgewicht liegt dann ca. 40 Prozent über diesem Gewicht. Tragen Sie die verwendeten Gewichte in eine Tabelle ein, damit Sie Ihren Trainingsfortschritt stets vor Augen haben. Hier müssten Sie nach drei Wochen eine messbare Steigerung der Kraft und damit einen Trainingsfortschritt beobachten. Einschließlich der Einstiegsphase müssten Sie damit innerhalb von sechs Wochen sehen, dass Sie auf dem richtigen Weg sind!

Erster Tag

BEINE

▶ Zum Aufwärmen und zur allgemeinen Fitness: etwa 10 Minuten am Fahrradergometer oder Stepper

▶ Beinstrecken

- 12 Wiederholungen mit 60 % der Maximalkraft
- 10 Wiederholungen mit 65 % der Maximalkraft
- 10 Wiederholungen mit 70 % der Maximalkraft
- 8 Wiederholungen mit 75 % der Maximalkraft

▶ Beinpressen

- 12 Wiederholungen mit 65 % der Maximalkraft
- 10 Wiederholungen mit 70 % der Maximalkraft
- 8 Wiederholungen mit 75 % der Maximalkraft
- 8 Wiederholungen mit 75 % der Maximalkraft

▶ Beinbeugen

- 12 Wiederholungen mit 65 % der Maximalkraft
- 12 Wiederholungen mit 65 % der Maximalkraft
- 12 Wiederholungen mit 65 % der Maximalkraft

▶ Wadenheben

- 3 Sätze zu je 15 Wiederholungen im Stehen mit Körpergewicht (ohne Zusatzgewichte)
- Alternativ: 3 Sätze zu jeweils 20 Wiederholungen im Sitzen mit ca. 50 % der Maximalkraft

ADDUKTOREN UND ABDUKTOREN

▶ Je 3 Sätze zu je 12 Wiederholungen mit Eisenschuhen oder geringer Belastung an der Maschine. Diese Muskeln sind für Maximalkrafttraining nicht geeignet.

OBERER UND UNTERER RÜCKEN

▶ Latziehen

- 12 Wiederholungen mit 60 % der Maximalkraft
- 10 Wiederholungen mit 65 % der Maximalkraft
- 8 Wiederholungen mit 70 % der Maximalkraft
- 8 Wiederholungen mit 75 % der Maximalkraft

▶ Rudern, sitzend

- 12 Wiederholungen mit 60 % der Maximalkraft
- 10 Wiederholungen mit 65 % der Maximalkraft
- 8 Wiederholungen mit 70 % der Maximalkraft
- 8 Wiederholungen mit 75 % der Maximalkraft

▶ Hyperextensions

- 15 Wiederholungen ohne Zusatzbelastung
- 15 Wiederholungen ohne Zusatzbelastung
- 15 Wiederholungen ohne Zusatzbelastung

▶ Zum Abschluss des Trainings 3 Sätze Bauchtraining ohne Gewicht

Zweiter Tag

▶ Zum Aufwärmen und zur allgemeinen Fitness: mindestens 10 Minuten am Fahrradergometer oder am

Stepper trainieren; danach spezielles Aufwärmprogramm für den Oberkörper durch leichte Gymnastik und Dehnung (Oberarme kreisen lassen, nach hinten schwingen)

Brust

▸ Bankdrücken
- 12 Wiederholungen mit 65 % der Maximalkraft
- 10 Wiederholungen mit 70 % der Maximalkraft
- 8 Wiederholungen mit 75 % der Maximalkraft
- 8 Wiederholungen mit 75 % der Maximalkraft

▸ Schrägbank
- 12 Wiederholungen mit 65 % der Maximalkraft
- 10 Wiederholungen mit 70 % der Maximalkraft
- 8 Wiederholungen mit 75 % der Maximalkraft

▸ Fliegende Bewegung
- 12 Wiederholungen mit 65 % der Maximalkraft
- 12 Wiederholungen mit 65 % der Maximalkraft
- 12 Wiederholungen mit 65 % der Maximalkraft

oder:

▸ Butterfly
- 12 Wiederholungen mit 60 % der Maximalkraft
- 12 Wiederholungen mit 60 % der Maximalkraft

Schultern

▸ Seitheben
- 12 Wiederholungen mit 65 % der Maximalkraft
- 12 Wiederholungen mit 65 % der Maximalkraft
- 12 Wiederholungen mit 65 % der Maximalkraft

▸ Nackendrücken
- 12 Wiederholungen mit 60 % der Maximalkraft
- 10 Wiederholungen mit 65 % der Maximalkraft
- 8 Wiederholungen mit 70 % der Maximalkraft
- 8 Wiederholungen mit 75 % der Maximalkraft

Arme / Trizeps

▸ Bankdrücken
- 12 Wiederholungen ohne Zusatzgewicht
- 12 Wiederholungen ohne Zusatzgewicht
- 12 Wiederholungen ohne Zusatzgewicht
- 12 Wiederholungen ohne Zusatzgewicht

▸ Trizepsstrecken am Seilzug
- 12 Wiederholungen mit 60 % der Maximalkraft
- 10 Wiederholungen mit 65 % der Maximalkraft
- 8 Wiederholungen mit 75 % der Maximalkraft

Arme / Bizeps

▸ Scottcurl
- 12 Wiederholungen mit 60 % der Maximalkraft
- 10 Wiederholungen mit 65 % der Maximalkraft
- 8 Wiederholungen mit 70 % der Maximalkraft
- 8 Wiederholungen mit 75 % der Maximalkraft

▸ Kurzhantelcurl im Sitzen
- 12 Wiederholungen mit 65 % der Maximalkraft
- 12 Wiederholungen mit 65 % der Maximalkraft
- 12 Wiederholungen mit 65 % der Maximalkraft

▸ Zum Abschluss des Trainings 3 Sätze Bauchtraining ohne Gewicht

Phase III: Stabilisierungstraining und Kraftaufbau

Phase III ist eine Kombination aus Phase I und II. Die Übungen werden im Wesentlichen beibehalten, doch die Anzahl der Wiederholungen variiert stärker. Das schwere Training beginnt mit einem Satz von 15 Wiederholungen und

Trainingsprogramme

50 Prozent der Maximalkraft und endet bei 5 Wiederholungen und 80 Prozent der Maximalkraft.

Nach höchstens drei Wochen wieder zu Phase II übergehen! Da in Phase III eine erhebliche Kraftsteigerung erfolgt, werden nun jedoch die Trainingsbelastungen in Phase II deutlich höher ausfallen als zuvor. Nach etwa einem halben Jahr gehen Sie bitte für drei Wochen zur Regeneration auf Phase V über!

▶ Beispiel Bankdrücken:
- 15 Wiederholungen mit 50 % der Maximalkraft
- 10 Wiederholungen mit 65 % der Maximalkraft
- 8 Wiederholungen mit 75 % der Maximalkraft
- 5 Wiederholungen mit 85 % der Maximalkraft

▶ Bei Übungen mit nur 3 Sätzen sieht die Reihenfolge so aus:
- 15 Wiederholungen mit 50 % der Maximalkraft
- 10 Wiederholungen mit 65 % der Maximalkraft
- 5 Wiederholungen mit 85 % der Maximalkraft

Bei Übungen, in denen in Phase II keine Variation der Gewichte empfohlen wurde, wird weiterhin mit konstantem Gewicht trainiert. Dies gilt insbesondere für Übungen ohne Gewichtsbelastung. Ich würde z. B. Frauen niemals empfehlen, Bauchbeugen mit einer Zusatzbelastung auszuführen. Wer es in Phase III bereits kann, sollte lieber zu Crunches übergehen.

Phase IV: Steigerung der Maximalkraft, echtes Bodybuilding

Diese Phase ist nichts für Fitnesssportler! Bitte nur ausführen, wenn ernsthafte Wettkampfambitionen vorliegen! Trainiert wird an drei Tagen in der Woche. In den Grundübungen wird vor Beginn des Zyklus die Maximalkraft bestimmt.

Nach einer gründlichen Aufwärmphase gestaltet sich das Training wie folgt: Von jeder Übung werden etwa 2 bis 3 Sätze mit leichtem Gewicht ausgeführt, dann wird das Gewicht rasch gesteigert.

Beine

▶ Kniebeuge
- 8 Wiederholungen mit 65 % der Maximalkraft
- 5 Wiederholungen mit 75 % der Maximalkraft
- 5 Wiederholungen mit 80 % der Maximalkraft
- 3 Wiederholungen mit 85 % der Maximalkraft

▶ Beinstrecken
- 8 Wiederholungen mit 65 % der Maximalkraft
- 5 Wiederholungen mit 75 % der Maximalkraft
- 5 Wiederholungen mit 75 % der Maximalkraft

Rücken

▶ Latziehen
- 8 Wiederholungen mit 65 % der Maximalkraft
- 5 Wiederholungen mit 75 % der Maximalkraft
- 5 Wiederholungen mit 80 % der Maximalkraft
- 3 Wiederholungen mit 85 % der Maximalkraft

▶ Rudern, sitzend
- 8 Wiederholungen mit 65 % der Maximalkraft
- 5 Wiederholungen mit 75 % der Maximalkraft
- 5 Wiederholungen mit 75 % der Maximalkraft

Dem individuellen Fortschritt angepasst – die verschiedenen Phasen eines erfolgreichen Krafttrainings

Diese Übung sollte nur an einer Maschine ausgeführt werden, an der sich eine Vorrichtung befindet, die den Oberkörper stützt. Ist dies nicht möglich, sollte man die Übung bäuchlings auf einer hohen Flachbank liegend mit der Langhantel ausführen. Dabei wird die Langhantel vom Boden in Richtung Bank gezogen Dadurch wird die Wirbelsäule geschont.

Brust

▸ Bankdrücken
- 8 Wiederholungen mit 65 % der Maximalkraft
- 5 Wiederholungen mit 75 % der Maximalkraft
- 5 Wiederholungen mit 80 % der Maximalkraft
- 3 Wiederholungen mit 85 % der Maximalkraft

▸ Schrägbank
- 8 Wiederholungen mit 65 % der Maximalkraft
- 5 Wiederholungen mit 80 % der Maximalkraft
- 5 Wiederholungen mit 80 % der Maximalkraft

Schultern

▸ Seitheben
- 8 Wiederholungen mit 65 % der Maximalkraft
- 5 Wiederholungen mit 75 % der Maximalkraft
- 5 Wiederholungen mit 75 % der Maximalkraft

Arme

▸ Kurzhantelcurls, abwechselnd rechts und links
- 8 Wiederholungen mit 65 % der Maximalkraft
- 5 Wiederholungen mit 75 % der Maximalkraft
- 5 Wiederholungen mit 75 % der Maximalkraft

▸ Trizepsdrücken, am Turm
- 8 Wiederholungen mit 65 % der Maximalkraft
- 5 Wiederholungen mit 80 % der Maximalkraft
- 5 Wiederholungen mit 80 % der Maximalkraft

Waden

▸ Wadenheben, sitzend
- 2 Sätze zu 25 Wiederholungen

Bauch

▸ Bauchbeugen/ Crunches
- 20 Wiederholungen ohne Zusatzbelastung
- 20 Wiederholungen ohne Zusatzbelastung
- 20 Wiederholungen ohne Zusatzbelastung

Phase V: Aktives Regenerationstraining

Nach spätestens einem halben Jahr sollten Sie Ihrer Muskulatur ein wenig Erholung gönnen. In dieser Phase, die etwa drei Wochen dauert, wird das Krafttraining wieder auf zwei bis drei Tage in der Woche zurückgenommen. Wählen Sie für jeden Körperteil ein oder zwei Übungen mit jeweils 3 Sätzen aus. Die Belastung liegt bei 12 Wiederholungen mit 60 % der Maximalkraft.

Neben diesem reduzierten Krafttraining sollten Sie sich in Phase V auch in anderen – insbesondere ausdauerbetonten – Sportarten versuchen, allerdings ebenfalls mit geringer Intensität. Untersuchungen haben gezeigt, dass der Organismus sich in einer solchen Phase aktiver Erholung wesentlich schneller regeneriert als in völliger Ruhe. Auch andere Entspannungsmaßnahmen, wie beispielsweise Saunagänge oder Massage, empfehlen sich.

Training im Grenzbereich

An die Grenzen gehen

Das Hardcore- oder auch Heavy-Duty-Training umfasst Trainingsmethoden, die ausschließlich für den fortgeschrittenen Kraftsportler oder auch die fortgeschrittene Kraftsportlerin geeignet sind.

Definitionsfrage

Als fortgeschritten bezeichnet man im Kraftsport einen Athleten erst dann, wenn er mindestens vier Jahre regelmäßig an mindestens drei Tagen in der Woche trainiert hat und dabei seine Maximalkraft um mindestens 50 Prozent gegenüber der Ausgangssituation verbessert hat.

In diesem (fortgeschrittenen) Stadium werden bisweilen Trainingsreize, die zu Beginn noch ein Muskelwachstum oder einen Kraftgewinn hervorgerufen haben, keine Wirkung mehr haben. Dabei muss man sich vor Augen halten, dass ein Muskelzuwachs nichts anderes ist als ein Anpassungsvorgang unseres Organismus im Hinblick auf die von ihm verlangte Leistung. Ein Muskel wächst also, weil er wiederholt auf sehr intensive Weise belastet wird. Was jedoch zu Beginn noch eine intensive Belastung war, wird mit zunehmender Trainingsdauer und dem damit einhergehenden Trainingsfortschritt keine weitere Anpassungserscheinung mehr auslösen. Sie wird möglicherweise zu einem so genannten unterschwelligen Reiz, was man umgangssprachlich so ausdrücken kann, dass der Muskel spielend mit dieser Belastung fertig wird, weil er sich daran gewöhnt hat. In diesem Stadium suchen viele Athleten nach Methoden, um den toten Punkt zu überwinden und den Muskel auf neue Weise zu fordern.

Achtung, Überlastungsgefahr!

Solche Methoden sind bei der Experimentierfreudigkeit unserer Sportler auch längst gefunden worden, doch ich muss ihre Darstellung mit einer dringenden Warnung versehen: Jeder, der zum ersten Mal eine der im Folgenden geschilderten Übungen ausführt, muss sich darüber im Klaren sein, dass zwischen einer intensiven Auslastung des Muskels mit Heavy-Duty-Methoden und der Überlastung von Muskeln, Sehnen und Gelenken nur ein kleiner Schritt besteht. Jeder, der nach den folgenden Methoden trainiert, sollte sich immer wieder diese Mahnung vor Augen halten. Der Erfolg rechtfertigt nicht jedes Mittel, vor allem nicht solche, mit denen man ihn letztlich nicht erreicht!

Im Wesentlichen handelt es sich bei den Hardcore-Übungen um Trainingsmethoden, bei denen die üblicherweise im Training eingesetzte Leistungsfähigkeit der trainierten Muskulatur bereits erschöpft ist oder

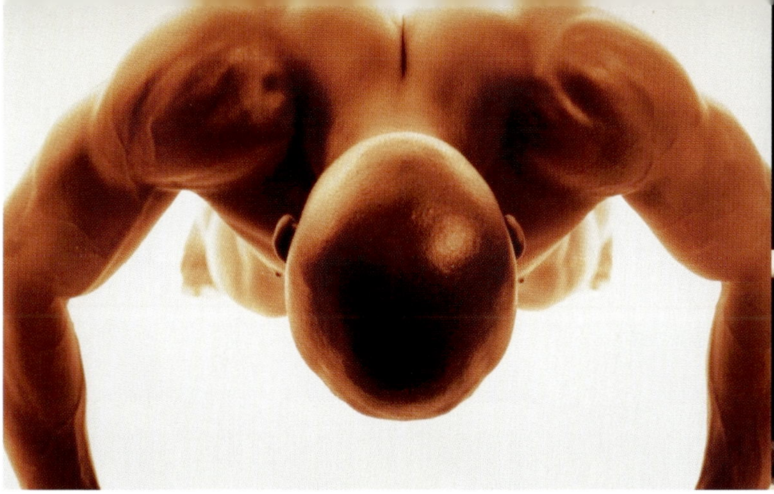

Gleichgültig ob Liegestütze oder Gewichtheben – wer an seine Leistungsgrenze geht, riskiert dabei Verletzungen.

systematisch erschöpft wird, und die damit nur mit Hilfe eines Trainingspartners oder mit dem unterstützenden Einsatz anderer Muskelgruppen durchgeführt werden können.

Erzwungene Wiederholungen

Mit einem bestimmten Gewicht werden normalerweise zehn Wiederholungen korrekt bewältigt. Mit Hilfe eines Trainingspartners gelingen jedoch noch etliche Wiederholungen mehr. Im Extremfall könnten z. B. zwei erfahrene Trainingspartner noch während des Satzes durch Abnehmen von Scheiben von der Hantelstange das Trainingsgewicht verringern und damit weitere Wiederholungen ermöglichen. In der Regel kommt diese Methode vor allem bei den Grundübungen, bei denen mit hoher Belastung trainiert wird, zum Einsatz, z. B. beim Bankdrücken, bei Langhantelcurls oder an der Beinpresse (nur bei vorhandener mechanischer Sicherung!). Doch auch bei einigen so genannten isolierten Bewegungen kann man erzwungene Wiederholungen einsetzen. Die Wirkung von Bizepscurls wird wahrscheinlich jeder Trainierende schon einmal unbewusst durch leichtes Nachhelfen (Wippen) bei den letzten Wiederholungen intensiviert haben.

Diese auch forced reps genannte Trainingsmethode ist sicherlich als dauerhafte Trainingsstrategie ungeeignet, da die Belastung des passiven Bewegungsapparats in keinem besonders günstigen Verhältnis zum Effekt der so ausgeführten Übungen steht. Von Zeit zu Zeit eingesetzt, lässt sich mit Hilfe der erzwungenen Wiederholungen jedoch eine Stagnation im Training überwinden. Vor allem, wenn man die Hilfe des Partners oder die während des Satzes herbeigeführte Reduktion der Gewichtsbelastung nicht zu unnö-

Ein Training im Grenzbereich ist nichts für »Solisten«. Für den Notfall muss stets ein Trainingspartner helfend eingreifen können.

»Nur was schmerzt, hilft auch«. Dieser Spruch aus dem Hardcore-Bereich des Bodybuildings ist nicht nur gefährlich, sondern auch falsch.

tigem Abfälschen nutzt, sondern versucht, ein hohes Maß an Bewegungsqualität aufrechtzuerhalten. Dazu bedarf es natürlich einer langjährigen Trainingserfahrung.

Heavy-Duty-Training

Hierbei handelt es sich um eine Kombination aus dem erzwungenen Training und den exzentrischen Wiederholungen. Es darf jedoch nicht verschwiegen werden, dass selbst erfolgreiche Bodybuilder sich teilweise sehr skeptisch oder gar ablehnend gegenüber dem Heavy-Duty-Training geäußert haben. Das System beruht auf der Annahme, dass die Erholungsfähigkeit der begrenzende Faktor für die Trainierbarkeit ist, da sie sich nicht in dem gleichen Maß entwickelt wie beispielsweise die Kraft oder die Muskeldicke. Daher versuchten die Heavy-Duty-Spezialisten durch immer ausgefeiltere Methoden, jede einzelne Wiederholung eines Satzes und jeden Satz immer intensiver zu gestalten, dafür aber die Trainingszeiten kurz und die Zahl der Trainingseinheiten gering zu halten.

Bis zum Körperbau eines »Mr. Body« ist es ein weiter und beschwerlicher Weg. Gehen Sie es langsam an!

So kann der Partner wie bei den erzwungenen Wiederholungen das Gewicht während des Trainings verringern, er kann es aber noch zusätzlich zu Beginn eines Satzes erschweren. Beim Klimmzug könnte er bei den ersten Wiederholungen noch zusätzlich an den Beinen ziehen, während er zum Schluss des Satzes genau dort unterstützend eingreift.

Das Problem bei dieser Methode, die im Ansatz durchaus richtig ist, liegt auf zwei Ebenen. Zum einen werden durch die teils sehr langen Sätze bewusst enorme Säuerungen des Muskels in Kauf genommen, die sich auf die Erholungsfähigkeit sicherlich negativer auswirken als ein moderates zweistündiges Training, zum anderen ist die Grenze zwischen intensiv und schädlich fließend. Vor allem dann, wenn man sich beim Partnertraining von der allgemeinen Begeisterung mitreißen lässt und Warnsignale des Körpers nicht wahrnimmt oder ignoriert. Hinweise auf Überlastungen sind u. a. Schmerzen im Gelenk oder im

Sehnenansatz, Blutergüsse im Muskel, harte Verspannungen, die innerhalb des Muskelgewebes tastbar sind.

Abgefälschte Wiederholungen

Hier werden nach Erschöpfen der Leistungsfähigkeit der trainierten Muskeln durch leichte Veränderung der Körperhaltung oder der Bewegungsausführung andere Muskelgruppen zu Hilfe genommen. Geradezu berüchtigt ist die so genannte Brücke beim Bankdrücken, bei der durch Anheben des Gesäßes von der Bank der Latissimus, also die große Muskelgruppe des oberen Rückens, ins Spiel gebracht wird. Diese Methode ist ebenso effektiv wie schädlich. Eine Schädigung der Lendenwirbel ist bei häufigerem Gebrauch fast unausweichlich.

Nicht ganz so schädlich sind Varianten dieser Methode bei anderen Übungen, z. B. beim Bizepstraining (Curl), wo man mit etwas Schwung einen toten Punkt überwinden kann. Allerdings kann dies erst infrage kommen, wenn es darum geht, den Oberarmumfang von 48 Zentimeter auf die ersehnten 50 Zentimeter zu bringen. Wer mit einem 38-Zentimeter-Arm mit dieser Methode auf 40 Zentimeter kommen will, sollte besser die Sportart wechseln.

Damit sollen keineswegs die Trainierenden vor den Kopf gestoßen werden, die noch keine 40 Zentimeter

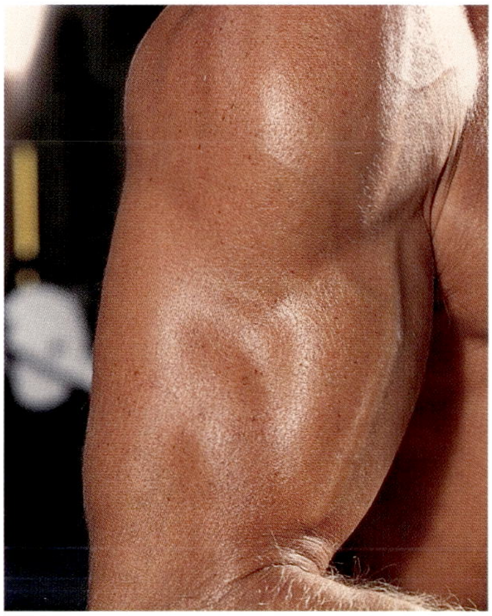

Oberarmumfang haben; es ist jedoch eine leidige Tatsache, dass man als Anfänger ein Training mit abgefälschten Wiederholungen nicht ohne längerfristigen Schaden überstehen kann.

Fortgeschrittenen kommt hier ihre größere Muskulatur zustatten, die wie ein Puffer wirkt und auch die eine oder andere unkorrekte Bewegung toleriert. Außerdem läuft man bei einem zu frühen Übergang zu diesen Methoden Gefahr, sich für die Zukunft eine saubere Technik zu verderben. Der Fortgeschrittene kann schließlich jederzeit wieder zum korrekten Training übergehen. Beim Anfänger sind diese Abläufe jedoch noch nicht so eingeschliffen, dass sie jederzeit wieder abrufbar sind. Abfälschen sollte also wirklich nur derjenige, der die richtige Ausführung bereits seit Jahren beherrscht.

Wie der Oberarmumfang auch sein mag – ein unvernünftiges Training führt Sie sicher nicht schneller zu Ihrem Ziel!

Abfälschungen sind nur den Sportlern erlaubt, die die perfekte Ausführung der Übung bereits beherrschen.

Up and down the rack

Der ehemalige Deutsche Meister im Bodybuilding, Joachim Strzeletz, sagte einmal: »Wenn ich meinen Muskel zum Brennen bringen will, dann halte ich mir am besten ein Streichholz daran.« Was er damit ausdrücken wollte, ist, dass die regelrecht masochistische Vorgehensweise einiger Bodybuilder, so lange zu trainieren, bis es weh tut, dem Fortschritt eher abkömmlich ist.

Doch auch hier gilt, dass man, um eine eventuelle Stagnation zu überwinden, für kurze Zeit auch zu außergewöhnlichen Methoden greifen kann. Wer seine Muskeln einmal so richtig »entflammen« möchte, für den ist »Up and down the rack« sicherlich die geeignete Methode.

Für »Up and down the rack« benötigt man gut ein halbes Dutzend unterschiedlicher Hantelpaare.

Wörtlich übersetzt steht »Up and down the rack« etwa für »die Hantelablage rauf und runter«. Gemeint ist damit ein sehr intensives, komprimiertes Pyramidentraining. Man beginnt – z. B. beim Seitheben für die Schulter – mit zwei sehr leichten Kurzhanteln und etwa sechs bis sieben Wiederholungen. Natürlich ist nach dieser geringen Belastung noch nicht viel zu spüren, also greift man, nachdem man einmal tief durchgeatmet hat, das nächsthöhere Gewicht und wiederholt das Ganze. Dies macht man so lange und so oft, bis man bei Hanteln angelangt ist, mit denen bei größter Anstrengung gerade noch fünf oder sechs korrekte Wiederholungen möglich sind. Damit ist der Satz jedoch nicht beendet, denn jetzt geht es in gleicher Weise zurück bis zum Ausgangsgewicht. Spätestens dann sollte der Muskel so erschöpft sein, dass er zu keiner weiteren Wiederholung mehr fähig ist.

Sehr effektiv

Bei einem ersten Versuch mit dieser Methode darf man an dieser Stelle das Schultertraining als beendet betrachten. Im Grunde ist das nichts anderes als ein einziger großer Satz nach dem Pyramidentraining. So hart dieser auch sein mag, die Schulter lässt sich damit in kürzester Zeit maximal trainieren. Grundvoraussetzung ist allerdings eine gute konditionelle Basis. Je länger der Satz dauert und je mehr der Muskel ermüdet, desto größer ist die Gefahr, dass die Bewegungen unsauber werden. Im Gegensatz zur Methode der abgefälschten Wiederholungen soll aber genau das hier vermieden werden, denn ein derart ermüdeter

BILD LINKS: *Die Methode des »Up and down the rack« empfiehlt sich beispielsweise zum gelegentlichen Einsatz beim Seitheben.*
BILD RECHTS: *Für diese Übung benötigt man allerdings eine große Zahl griffbereiter Kurzhanteln, die nach dem Training auch wieder aufgeräumt werden sollten.*

Muskel ist in hohem Maße verletzungsanfällig. Die Methode des »Up and down the rack« produziert im Muskel sehr viel Milchsäure. Auf einen regelmäßigen Einsatz sollte daher verzichtet werden. Außerdem empfehlen sich im Anschluss an eine solche Trainingseinheit gezielte Erholungsmaßnahmen, wie z. B. Sauna, ein heißes Vollbad oder eine Sportmassage.

Spezielle Disziplinen

Mehr Leistung im Bankdrücken

Ebenso wie die Kniebeuge im Allgemeinen das Maß für die Kraft der gesamten Beinmuskulatur ist, so bildet das Bankdrücken den Maßstab für die Kraft des Oberkörpers. Nur wenn die verschiedenen Muskeln der Brust, der Arme und der Schultern perfekt zusammenarbeiten, lassen sich auch zufrieden stellende Leistungen im Bankdrücken erzielen.

Aus diesem Grund ist es auch nicht immer leicht, die genauen Ursachen für unbefriedigende Leistungen im Bankdrücken herauszufinden. Wenn man sich jedoch die Mechanik des Bankdrückens vor Augen führt, wird die Diagnose der Schwachstellen und damit deren Beseitigung schon etwas einfacher.

Schwachstellenanlyse

Um herauszufinden, welche Muskelgruppe vorrangig versagt und damit Höchstleistungen im Bankdrücken verhindert, muss man mindestens einmal bis an die Leistungsgrenze gehen. Dazu macht man mit einem Gewicht, mit dem man durchschnittlich etwa sechs bis acht Wiederholungen schafft, nun tatsächlich eine Wiederholung mehr als man bewältigen kann (nur mit Trainingspartner!). Entscheidend ist nun die Phase, in der man einbricht. Hier sollte der Partner genau

Die häufigste Frage unter (männlichen) Kraftsportlern lautet: »Was schaffst du im Bankdrücken?«

beobachten, ob man die Hantel noch gut von der Brust wegbekommt, sie aber beim besten Willen nicht mehr die letzten Zentimeter bis zur Ablage drücken kann, oder ob die Hantel bereits auf den ersten Zentimetern über der Brust wieder auf dieselbe hinabsinkt.

Unterstützung

Hilfreich ist auf alle Fälle ein gesondertes Training der Schultermuskulatur (Seitheben, Nackendrücken), da insbesondere der vordere Schulterkopf beim Bankdrücken beteiligt ist.

Im ersten Teil des Bankdrückens, d.h., wenn die Hantel von der Brust gelöst wird, werden vor allem die Brustmuskeln beansprucht. Diese haben jetzt die Aufgabe, die Oberarme nach vorn bzw. oben zu bringen. Der letzte Teil des Bankdrückens, in dem die Hantel in die höchste Position gebracht wird, besteht jedoch wesentlich darin, dass die Arme gestreckt und durchgedrückt werden müssen, der Brustmuskel hat hier nur noch wenig Arbeit zu leisten.

Daraus folgt, dass Schwierigkeiten in der letzten Phase des Bankdrückens sehr wahrscheinlich durch zu schwache Trizepsmuskeln bedingt sind. In diesem Fall empfiehlt es sich, den Trizeps durch gesonderte Übungen (enges Bankdrücken, Trizepsdrücken u. a.) auf Kraft zu trainieren.

Wer allerdings Schwierigkeiten hat, die Hantel überhaupt von der Brust wegzubekommen, hat wahrscheinlich zu schwache Brustmuskeln. Da das Bankdrücken selbst eine der besten Übungen zur Entwicklung der Brust ist, hilft hier nur, eisern weiterzutrainieren und zunächst etwas kleinere Gewichte zu benutzen. Ergänzend sollte man, sofern man es nicht schon macht, fliegende Bewegungen mit Kurzhanteln in das Brusttraining aufnehmen.

Zusammengefasst sind also folgende drei Muskelgruppen für Höchstleistungen im Bankdrücken verantwortlich: Brustmuskulatur, Trizeps der Oberarme, Schultermuskulatur.

Scheinbarer Kraftgewinn durch Abfälschen

Es gibt allerdings eine Variante des Bankdrückens, die noch eine weitere Muskelgruppe mit einschließt. Wer z. B. in dem Bemühen, noch ein wenig stärker zu wirken als er ist, das Gesäß anhebt, wird feststellen, dass sich auf diese Weise tatsächlich erstaunliche 10 bis 20 Kilogramm mehr bewältigen lassen. Dieser wundersame Kraftzuwachs rührt daher, dass nun der Oberkörper in Richtung auf das Gesäß in einem kleinen Winkel nach oben zeigt. Die Oberarme werden jetzt nicht mehr senkrecht zum Oberkörper nach vorn bewegt, sondern um eben diesen Winkel nach unten geneigt. Dies aber verschafft dem starken Latissimus des oberen Rückens eine Gelegenheit zum Einsatz, die sich in dem geschilderten Kraftzuwachs äußert.

Da aber diese Variante des Bankdrückens im Wettkampf untersagt ist und zudem mit erheblichen Risiken für die untere Wirbelsäule verbunden ist, sollte man von dieser Methode zur Steigerung der Kraft im Bankdrücken besser Abstand nehmen.

Trainingssysteme

Ein bei vielen Bodybuildern und Kraftsportlern beliebtes Trainingsprinzip ist das der Negativwiederholungen. Ein Gewicht, das man aus eigener Kraft nicht mehr anheben kann (das wäre eben die positive Wiederholung), wird darum mit Hilfe eines kräftigen und verlässlichen Trainingspartners zur Hochstrecke gebracht und dann aber aus eigener Kraft langsam herabgelassen. Die Befürworter dieser Übung behaupten, dass man damit nicht nur seine Kraft steigert, sondern vor allem ein Gefühl für das überschwere Gewicht entwickelt.

Ich würde gerade beim Bankdrücken jedoch nicht zu Negativwiederholungen raten, da hierbei die Belastung im Schulter- und Ellenbogengelenk ganz sicher nicht dem Trainingszustand des Sportlers entspricht. Der behauptete Kraftzuwachs ist meiner Ansicht nach eher eine Folge der im Grenzbereich ausgeführten positiven Wiederholungen.

Wer den Po von der Bank hebt, verhilft sich zu einem scheinbaren Kraftgewinn – und oft auch zu geschädigten Bandscheiben.

Aufwärmen und Dehnen

Vor dem Training mit hohen Gewichten

- Es ist durchaus zweckmäßig, sich auch vor einem Versuch mit einem Gewicht von 200 Kilogramm mit der leeren Hantelstange aufzuwärmen und sich anschließend in Schritten von 10 bis 20 Kilogramm an sein Ziel heranzuarbeiten. Wer an diesem Tag noch bis an seine Leistungsgrenze gehen will, muss sich ja bei den niedrigeren Gewichten nicht verausgaben, sondern kann sich hier auf sechs bis acht Wiederholungen beschränken.

- Ebenfalls förderlich für ein erfolgreiches Maximalkrafttraining ist die Vordehnung der betroffenen Muskulatur. Hierdurch werden u. a. die Golgie-Rezeptoren vorbereitet, die ansonsten bei starker Anspannung auf eine drohende Überlastung des Sehnenapparates reagieren und einen sofortigen Spannungsabfall in der Muskulatur hervorrufen. Eine ungedehnte Muskulatur kann aus diesem Grund niemals 100 Prozent ihrer möglichen Leistung erbringen. Diese Vordehnung führt man am besten als fliegende Bewegung auf der Flachbank mit leichten Kurzhanteln aus, aber auch Übungen aus der Gymnastik können hier hilfreich sein.

Nach einigen Jahren intensiven Trainings bildet sich bei vielen Männern eine regelrechte »Bankdrückerbrust«, bei der man die Brustmuskeln selbst unter einem weiten T-Shirt noch erkennen kann.

Ursache Überlastung? Nur wenige, die intensiv Bankdrücken ausgeübt haben, klagen nicht irgendwann über Schmerzen in der Schulter.

Das Bankdrücken bietet allerdings zahlreiche Möglichkeiten, bereits geschilderte Systeme wie das Pyramidentraining, das Maximalkrafttraining u. v. a. einzusetzen. Der begrenzende Faktor sind in jedem Fall die Bänder und Sehnen im Bereich der Schulter- und Ellbogengelenke sowie diese Gelenke selbst.

Ganz offensichtlich verleitet einen die gerade im Bankdrücken bisweilen beträchtliche Kraftsteigerung zu etlichen Fehlern. So ist es sicherlich imponierend, seinen Trainingskameraden zu zeigen, dass man sich mit 100 Kilogramm »aufwärmen« kann, man vergisst dabei jedoch, dass dies mit einem Aufwärmtraining nichts mehr zu tun hat. Man demonstriert lediglich, dass man im kalten Zustand dieses Gewicht bewältigt, mehr nicht. Wer sich vor Augen führen will, was das bedeutet, der möge mit seinem Auto einmal jeden Tag mit kaltem Motor möglichst schnell auf Höchstgeschwindigkeit beschleunigen. Wie beim »kalten« Bankdrücken funktioniert das anfänglich, aber wie beim Bankdrücken erhöht sich dabei der Verschleiß ins Maßlose, und sehr bald kommt dann der Tag, an dem nichts mehr geht (siehe Kasten Seite 25).

Jeden Tag bis zur Spitze?

Die beim Bankdrücken eingesetzte Muskulatur benötigt im Durchschnitt etwa zwei Tage, um sich von einer starken Anstrengung zu erholen. Aus diesem Grund wird man diese Übung, sofern man auf größtmögliche Kraft trainiert, theoretisch bis zu dreimal die Woche ausführen dürfen. Nun trainieren aber die meisten Kraftsportler nach einem Split-System, d. h., dass möglicherweise an einem weiteren Trainingstag die Schultern oder die Trizepsmuskeln trainiert werden. Auch hierfür gilt nun die Zwei-Tage-Regel,

d. h., wer an einem Tag seinen Trizeps oder seine Schulter trainiert, muss mindestens bis zum übernächsten Tag warten, um wieder effektiv Bankdrücken betreiben zu können. In der Praxis ist es demnach weder notwendig noch zweckmäßig, öfter als zweimal in der Woche Bankdrücken im Trainingsprogramm zu haben. Viele erfolgreiche Athleten kommen sogar mit nur einer intensiven Trainingsrunde pro Woche aus, was einem wegen der guten Erholung der Muskulatur und der beteiligten Nerven zudem die Möglichkeit bietet, sich tatsächlich von Woche zu Woche zu steigern, ohne sich damit zu überfordern.

Selbst wer nur einmal pro Woche schweres Bankdrücken im Programm hat, wird nicht jedes Mal bis an sein Maximalgewicht gehen. Jeder Maximalversuch belastet Muskeln, Sehnen und Gelenke auf das Äußerste. Je häufiger man seinem Körper eine solche Leistung abverlangt, desto wahrscheinlicher wird eine Verletzung. Aufgrund der zwangsläufig bei jedem schweren Training auftretenden Mikroverletzungen wird man selbst bei günstigem Ausgang eher eine Leistungseinbuße als eine Verbesserung feststellen.

Training im submaximalen Bereich

Um seine Maximalkraft zu steigern, genügt es, in mindestens einem Satz im submaximalen Bereich zu trainieren. Dies bedeutet, dass man sehr wohl an seine Leistungsgrenze geht, dies aber nur mit einem Gewicht, das man noch einige Male (mindestens drei bis sechs Wiederholungen) bewältigen kann. In gewissen Abständen (maximal einmal im Monat) darf man natürlich auch ausprobieren, welcher einmaligen Maximalbelastung man inzwischen gewachsen ist.

Submaximal

Wer sich auf diese Weise, d. h. mit der gebotenen Vorsicht, an Höchstleistungen herantastet, wird wahrscheinlich das Vergnügen haben, diese Leistung auch in einem Alter noch erbringen zu können, in dem andere sich schon schmerzgeplagt aus allen sportlichen und beruflichen Aktivitäten zurückgezogen haben.

Schwere Kniebeuge

Nachdem im vorangehenden Abschnitt das Bankdrücken als eine der zentralen Übungen im Bodybuilding und Kraftsport vorgestellt und ausführlich analysiert wurde, geht es nun um eine Übung, die für die Entwicklung des Körpers und der Körperkraft nicht weniger bedeutsam ist: die schwere Kniebeuge.

Allerdings wird diese Übung von vielen Sportlern wegen der damit verbundenen großen Anstrengung und des – bei unsachgemäßer Ausführung – relativ hohen Verletzungsrisikos häufig gemieden. In der Tat kombiniert die schwere Kniebeuge zwei Eigenschaften, die sie mit etlichen Übungen im Krafttraining teilt: Sie ist zugleich hocheffektiv und gefährlich. Eben diese beiden Eigenschaften sollen im Fol-

genden analysiert werden, um einen gangbaren Kompromiss zwischen sportlichem Erfolg und dem Erhalt der Gesundheit zu finden.

Effektivität

Die Effektivität der schweren Kniebeuge resultiert zum einen aus der großen Anzahl der beteiligten Muskeln. Nahezu sämtliche Muskelgruppen der Beine und des Gesäßes sowie die Muskulatur des unteren Rückens sind bei der Kniebeuge intensiv beteiligt. Zentral betroffen sind natürlich die Quadrizepsmuskeln, also die großen Beinstrecker an der Vorderseite des Oberschenkels. Sie geben den Beinen von guten Bodybuildern das gewaltige Aussehen, das noch verstärkt wird durch die sichtbare Teilung dieses vierköpfigen Muskels. Ebenfalls zentral beansprucht werden die Gesäßmuskeln, aber auch der Beinbizeps auf der Rückseite der Oberschenkel zieht beim Aufrichten über das Gesäß hinweg und wird somit mittrainiert. Die Muskulatur des unteren Rückens übernimmt bei der schweren Kniebeuge vor allem Stützfunktionen und sollte deshalb unabhängig von der Aufwärmung am besten vor der Kniebeuge trainiert werden.

Keine Übung trainiert Beine und Gesäß intensiver als die Kniebeuge, aber es ist eine sehr anspruchsvolle Übung.

Zum anderen ergibt sich die Effektivität der schweren Kniebeuge aus der Höhe der hier verwendeten Gewichte,

Psychologischer Effekt

Die schwere Kniebeuge

Ein weiterer großer Vorteil der schweren Kniebeuge ist psychologischer Natur. Bei kaum einer anderen Übung, ausgenommen vielleicht das Bankdrücken, ist der Kampf gegen die Hantel und das aufgelegte Gewicht so deutlich und mitreißend, nirgendwo sonst als beim Bankdrücken und der Kniebeuge ist der Gewinn, der Sieg über das Gewicht so lustvoll. Daraus entsteht eine unvergleichliche Trainingsmotivation, eine Aggression, die einen zwingt, immer mehr und mehr aufzulegen, möglicherweise so lange, bis einem entweder die Kniegelenke oder die Bandscheiben die Gefolgschaft versagen.

BILD LINKS: *Für die schwere Kniebeuge ist äußerste Konzentration erforderlich. Die Übung muss ganz exakt ausgeführt werden, da sonst Rücken und Gelenke zu sehr belastet werden.*
BILD RECHTS: *Stark angespannte Muskeln neigen zur Verkürzung. Dehnübungen können hier helfen.*

über die sich manche Bodybuilder gar nicht im Klaren sind. Wenn z. B. ein 100 Kilogramm schwerer Bodybuilder mit 150 Kilogramm auf den Schultern Kniebeuge trainiert, so lasten auf seinen Füßen insgesamt schon 250 Kilogramm! Es braucht also niemanden zu wundern, dass die Belastung vor allem in den stark beanspruchten Kniegelenken schnell ein erträgliches Maß übersteigt, wenngleich der Wachstumsreiz für die beteiligte Muskulatur sicherlich beträchtlich ist.

Ausführung

Voraussetzung für schwere Kniebeugen ist ein stabiler Langhantelständer, möglichst mit variabler, d. h. abgestufter Ablage. Man hebt nun die Langhantel mit den Schultern aus dem Ständer. Um allzu starke Druckstellen zu vermeiden, nimmt man die Schultern dabei ein wenig zurück, so dass die Hantelstange eine möglichst große Auflagefläche hat und nicht auf die Wirbel drückt. Es ist dabei natürlich von Vorteil, wenn man über eine ausgeprägte Trapezmuskulatur als Polster verfügt, ansonsten kann man sich aber auch mit einer Schaumstoffunterlage behelfen. Die Hantel wird nun mit beiden Händen umfasst, und man tritt einen Schritt aus dem Ständer zurück.

Wer schon bei der unbelasteten Kniebeuge das Gefühl hat, in der Hocke nach hinten zu fallen, weil er die Fersen vom Boden heben muss, tut gut daran, sich ein Paar Hantelscheiben oder ein Stück Holz unter die Fersen zu legen, um den Ablauf der Übung zu stabilisieren.

Betroffen von solchen Stabilitätsproblemen sind vor allem Frauen, die wegen hoher Absätze an den Schuhen die natürliche Beweglichkeit in Wade und Ferse verloren haben. Am besten experimentiert man erst einmal ohne Hantel, welche Unterlage einem die beste Standfestigkeit verschafft. Nach meiner Erfahrung kann man jedoch auch die Waden vorab mit den entspre-

Gefährliche Last

Die Kniebeuge ist schon ohne Hantel eine gute Übung. Körpergewicht plus Hantel können sich insbesondere im unteren Rücken und in den Kniegelenken zu einer gefährlichen Last summieren.

chenden Stretchingübungen dehnen und kommt dann ohne lästige Unterlage aus.

Man stellt die Füße nun ungefähr schulterbreit auf, wobei die Füße leicht nach außen zeigen, und beugt die Knie. Wie weit man nun in der Kniebeuge nach unten geht, ist umstritten und hängt natürlich auch vom Trainingsziel ab. Grundsätzlich wächst die Gefahr für die Kniegelenke ganz erheblich, je weiter man in die Hocke geht. Sprinter und Springer, die mit dieser Übung lediglich ihre Sprungkraft steigern wollen, benutzen deshalb relativ hohe Gewichte, gehen aber dafür nicht sehr weit herunter. Im Powerlifting ist es allerdings Vorschrift, so weit herunterzugehen, bis die Oberschenkel waagerecht sind. Nach den deutschen Kraftdreikampfregeln muss der Heber seine Knie so tief beugen, bis das Gesäß tiefer ist als die Knie. Die Verwendung einer Unterlage für die Fersen ist im Wettkampf verboten.

Bei der schweren Kniebeuge geht man maximal so weit herunter, bis die Oberschenkel zum Rumpf einen rechten Winkel bilden.

Belastung der Gelenke

Für fortgeschrittene Bodybuilder ist die waagerechte Position oft schon gar nicht mehr zu erreichen, da hier die Waden längst vorher die Rückseite der Oberschenkel berühren und eine weitere Bewegung hemmen.

Wer über weniger wuchtige Beine verfügt, sollte zunächst nicht über die parallele Position hinausgehen. Vor allem aber sollte das Ende der Bewegung durch Muskelkraft gebremst werden und nicht dadurch, dass man sich einfach in den Knien durchfedern lässt. Es ist unerlässlich, dass man gerade in dem unteren Teil der Kniebeuge das Gewicht ständig unter Kontrolle hat; ein Nachgeben oder Durchsacken kann fatale Folgen für die Bänder und Gelenke der Knie sowie für den unteren Rücken haben.

Die nun folgende Aufwärtsbewegung kann erhebliche Gefahren für Hüftgelenke und Wirbel mit sich bringen. Um die Belastung für die Hüften und die Bandscheiben klein zu halten, ist darauf zu achten, dass während der Übung, vor allem aber während des Aufrichtens, kein Rundrücken ge-

Bei großen Gewichten sollten Sie sich unbedingt einen Trainingspartner suchen!

macht wird. Die Hantel sollte wenn möglich nur mit der Kraft der Beine, keineswegs aber mit einer verunglückten Verbeugung nach oben gedrückt werden.

Man sollte sich zwingen, während der Übung den Kopf nach oben zu halten oder sich ansonsten in einem Spiegel zu kontrollieren. Zwangsläufig besser ist die Haltung wahrscheinlich bei der Frontkniebeuge, bei der die Hantel vor der Brust aufliegt.

Sicherung

Um sich während der Übung – vor allem bei der Verwendung von schweren Gewichten – abzusichern, empfiehlt sich, wie auch beim schweren Bankdrücken, eine Hilfestellung. Eine konsequente Absicherung ist jedoch bei sehr hohen Gewichten nur durch zwei Trainingspartner möglich, von denen jeweils einer links und rechts von der Hantel steht.

Der bei einigen Gewichthebern verpönte Gewichthebergurt ist, so man ihn überhaupt benutzen will, sicherlich bei keiner anderen Übung so sinnvoll wie bei der schweren Kniebeuge. Zwar werden durch den Gurt die unteren Rückenmuskeln entlastet, doch können und sollen diese an einer Hyperextensionmaschine ohnehin extra trainiert werden. Der durchschnittliche Bodybuilder konzentriert sich bei der schweren Kniebeuge in erster Linie auf die Beinmuskeln, der Gurt gleicht somit Konzentrationsmängel für den unteren Rücken aus. Zu diesem Zweck sollte der Gurt allerdings breit genug sein und möglichst gut am Rücken anliegen. Rücken und Bauch werden dann durch den Druck stabilisiert. Für die Skeptiker sei der mehrfache Altersweltrekordler im Kugelstoßen und Diskuswerfen, Karl-Heinz Wendel zitiert, der vor etlichen Jahren auf die Frage nach der Verwendung eines Gewichthebergurtes antwortete: »Wenn du ihn immer benutzt, wirst du nie wissen, ob du ihn gebraucht hast. Wenn du ihn aber nicht benutzt, wirst du es vielleicht eines Tages bereuen.«

Bei Übungen wie der Kniebeuge hat der so genannte Gewichthebergurt nicht nur kosmetischen Wert, indem er den Bauch einschnürt. Er dient auch der Sicherheit.

Rund ums Training

Ermüdung und Erholung

Abhängig von der Art, Dauer und Intensität einer sportlichen Belastung reagiert der Körper mit unterschiedlichen Formen und Graden der Ermüdung. Neben der ausschlaggebenden, zentralen Ermüdung, die sich in nachlassender Konzentration, Fehlern in der Bewegungsausführung usw. äußert, können auch im Muskel selbst eine Übersäuerung, verarmte Energievorräte oder winzige Mikroschädigungen der Muskeleiweiße und der Muskelfaserhaut Ursachen einer zunehmenden lokalen Ermüdung sein.

Richtig erholen

Für eine möglichst effektive Trainingsplanung ist eine optimale Erholung des Organismus zwischen den einzelnen Trainingseinheiten unerlässlich. Ansonsten läuft man Gefahr, in einen Zustand des Übertrainings zu geraten – mit den damit verbundenen Auswirkungen wie Leistungseinbuße, höhere Verletzungsanfälligkeit oder Trainingsunlust.

Der bei der lokalen Ermüdung notwendige Erholungsprozess läuft in mehreren Schritten ab. Dabei kann die Erholung auch als Phase der Wiederherstellung angesehen werden. Durch die vorausgegangene Belastung hat der Organismus seine Energiespeicher mehr oder weniger ausgeschöpft. Diese Energiereserven werden in der Erholungsphase wieder aufgefüllt. Wie lange der Einzelne benötigt, um sich von einer Trainingseinheit zu erholen, ist nicht nur abhängig von der Intensität und Dauer des Trainings, sondern auch vom individuellen Trainingszustand, vom Alter und, man höre und staune, auch von den erblichen (genetischen) Voraussetzungen.

Für den allgemeinen Trainingszustand ist auch die Fähigkeit von Bedeutung, die anfallenden Schlacken wie z. B. Milchsäure wieder abzubauen, um dann die aufbauenden Vorgänge zu aktivieren. Die dafür notwendige Energie wird ausschließlich in den »Kraftwerken« der Muskelzelle, den Mitochondrien, unter Beteiligung von Sauerstoff gewonnen. Je besser der Muskel also in diesem Bereich der Energiebereitstellung ausgerüstet ist, umso schneller und intensiver kann er sich erholen.

Geeignete Maßnahmen

Bei der Regeneration nach dem Training stehen aktive Erholungsmaßnahmen an erster Stelle. Sinnvollerweise schließen sie sich direkt an das Training an. Untersuchungen konnten zeigen, dass sportliche Tätigkeiten mit ausgesucht niedriger (!) Intensität einen äußerst positiven Einfluss auf die Wiederherstellung haben. Dabei wird das Nervensystem schonend von Belastung auf Erholung umgestellt, der

Abbau von Stoffwechselprodukten wird wesentlich beschleunigt, und energieliefernde Vorgänge werden allmählich wieder in den »Normalzustand« gebracht. Empfehlenswert sind hier besonders ein lockeres Auslaufen, Schwimmen oder Dehnübungen. Die Dauer dieses Cool-downs sollte je nach Länge der vorausgegangenen Trainingseinheit zwischen 10 und 20 Minuten liegen.

Passive Erholungsmaßnahmen wie Saunagänge, Massagen, Bestrahlungen oder warme Bäder runden das Programm ab.

In der Praxis werden diese Maßnahmen jedoch leider noch immer viel zu selten genutzt. Selbst für viele Top-Bodybuilder ist das Training unmittelbar nach dem letzten Satz beendet. Trotz zunehmender Trainingsbelastung kommt es bei diesen Sportlern dann häufig nicht mehr zum erhofften Erfolg.

Späteinsteiger

Wenn man vor 15 Jahren oder noch früher in ein Sportstudio kam, wurde man gefragt, ob man schon mal trainiert habe oder nicht. Wurde die Frage bejaht, war man in der Regel von diesem Moment an sich selbst überlassen. Ausnahmen bestätigen natürlich die Regel. Mittlerweile hat nicht nur im Bodybuilding, sondern auch in den anderen großen Freizeitsportbewegungen wie z. B. Jogging die Erfahrung gezeigt, dass gerade der Exsportler, der nach einigen Jahren sportlicher Abstinenz wieder ins Studio oder zurück auf die Laufstrecke findet, zunächst ein ebenso hohes Maß an Betreuung braucht wie der Anfänger. Im Gegensatz zum völligen Anfänger sind ihm zwar die Bewegungsabläufe vertraut, doch der Organismus, dem diese Bewegungen nun abverlangt werden, ist nicht mehr derselbe wie einige Jahre zuvor. Selbst wenn man sich subjektiv noch auf der Höhe seiner Leistungsfähigkeit fühlt, sind die Sehnen eines 35- oder 45-Jährigen meist verletzungsanfälliger als die eines 20-Jährigen. Normalerweise ist das kein Problem, wenn man sich genügend Zeit nimmt, um sich

Wiedereinsteiger kennen zwar die Bewegungsabläufe, vergessen aber häufig, dass sie deswegen keinesfalls mehr im Training sind.

Was für das Laufen gilt, gilt auch für das Krafttraining: Wiedereinsteiger sollten sich vorsichtig und ganz allmählich steigern.

langsam wieder an eine höhere Trainingsintensität heranzuarbeiten. Denn dass man auch in fortgeschrittenem Alter noch erstaunliche sportliche Leistungen vollbringen kann, hat die Erfahrung gezeigt. Die Erfahrung hat aber auch gezeigt, dass gerade die Wiedereinsteiger schon am Anfang zu Übertreibungen neigen, die nicht selten beim Arzt enden. Die völlig unvorbereiteten Muskeln, Sehnen, Gelenke oder gar das Herz-Kreislauf-System sind meist völlig außer Stande, die geforderten Leistungen quasi aus dem Stand zu erbringen.

Fatal

Nach dem Motto »Die Gewichte habe ich vor zehn Jahren mit Leichtigkeit bewegt« oder »Die Strecke bin ich früher gelaufen, ohne ins Schwitzen zu kommen« wird nicht selten versucht, nahtlos an frühere Leistungen anzuknüpfen.

Vorsichtig wieder einsteigen

Weitaus vernünftiger wäre es für Wiedereinsteiger, sich zunächst einmal als Anfänger zu betrachten. Mit einem gewissen und sicherlich auch nützlichen Vorwissen ausgestattet, ist man nach der langen Trainingspause doch zumindest körperlich Anfänger. Natürlich wird ein Exsportler viel schneller wieder in Form kommen, selbst wenn man die 40 bereits überschritten hat. Doch je nach Pausenlänge und Lebensweise während dieser Zeit kann es durchaus Wochen bis Monate dauern, bis man wieder so weit ist, dass man seinem Körper auch eine härtere Gangart beim Training abverlangen kann. Bis dahin sollte man das Training möglichst vielseitig und abwechslungsreich gestalten und dabei alle Komponenten der Fitness berücksichtigen. Dazu gehört vor allem auch eine regelmäßige Gymnastik. Denn neben der Schnellkraft ist es vor allem die Flexibilität, die mit den Jahren als erstes verloren geht und die im Training immer mehr Beachtung fordert, wenn sie auf einem akzeptablen Niveau gehalten werden soll. Daran sollte aber jedem Sportler gelegen sein, denn ein hohes Maß an Beweglichkeit reduziert immer auch die Verletzungsanfälligkeit. Dies gilt für alle Sportarten und sogar für die Bewegungen im Alltag.

Es versteht sich von selbst, dass sich vor Wiederaufnahme des Trainings nach einigen Jahren ohne jede sportliche Aktivität der Besuch beim Hausarzt oder einem versierten Sportmediziner empfiehlt. Gerade in einem Alter, in dem die Familien- und Karriereplanung weitgehend abgeschlossen und wieder ein wenig Ruhe in den hek-

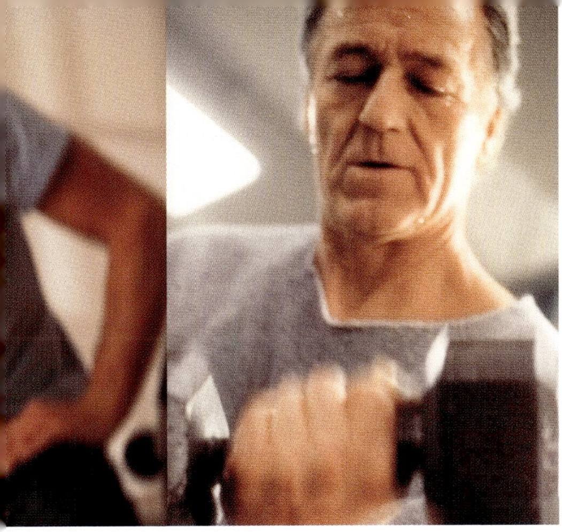

Bild links: *Nach längeren Pausen sollte man vorsichtig wiedereinsteigen.*
Bild rechts: *Falscher Ehrgeiz ist gerade beim Training in höherem Alter fehl am Platz.*

tischen Alltag eingekehrt ist, sollte man die Chance nutzen, Sport als das zu sehen, was er ist: eine schöne und gesunde Nebensache und ein möglicher Ausgleich für Alltagsstress und anderen Ärger.

Training bis ins hohe Alter

Im Gegensatz zu Sportarten, bei denen es auf eine schnelle Reaktion ankommt (z. B. Tennis, Rennfahren, Fußball), ist der Leistungsabfall beim Krafttraining in höherem Alter relativ gering. Zumeist beruht er eher auf psychologischen Faktoren als auf biologischen. Man kann sich seltener aufraffen und trainiert schlicht weniger als früher. Natürlich kann man seine Höchstleistung nicht lebenslang halten. Wenn jedoch der nachlassende Hormonspiegel (in diesem Fall das »männliche« Testosteron) als Entschuldigung für den Leistungsabfall dienen soll, so ist es eher so, dass gerade ein Krafttraining bis ins hohe Alter einem Absinken dieses Hormons entgegenwirkt.

Voraussetzung für ein dem höheren Alter angemessenes Training ist allerdings, dass man das Herz-Kreislauf-System nicht überfordert. Da beim Kraftsport extreme Blutdruckspitzen auftreten, kann dies für anfällige Menschen riskant werden. Doch ähnlich wie beim Hormonspiegel gilt auch hier, dass ein regelmäßiges Training die beste Vorsorge ist, insbesondere wenn man, wie schon mehrfach in diesem Buch empfohlen, die Ausdauerkomponente nicht vergisst.

Ich kenne zahlreiche Bodybuilder und Kraftsportler, die auch weit jenseits der 60-Jahre-Grenze noch hervorragend in Form sind. Ein muskulöser Körper wird auch mit den im Alter unweigerlich auftretenden »Zipperlein« und teilweise auch mit ernsteren Erkrankungen besser fertig.

Vor allem Gelenkbeschwerden treten mit zunehmendem Alter besonders häufig auf. In diesem Fall empfiehlt es sich, den Körper mit gelenkschonenden Sportarten fit zu halten. Wichtig ist ein harmonischer Bewegungsablauf, der insbesondere beim Schwimmen (Kraulen), Radfahren und Wandern gegeben ist.

Ein Krafttraining ist auch in höherem Alter noch möglich und sinnvoll, weil es hier nicht so sehr auf die (nachlassende) Reaktionsfähigkeit ankommt.

Ob Kohlenhydrate, Eiweiß, Fett, Vitamine oder simples Wasser: Jeder Sportler braucht diese Grundbausteine der Ernährung. Und wenn er Spitzenleistungen erbringen will, braucht er sie in der richtigen Menge und Zusammensetzung.

ERNÄHRUNG FÜR SPITZEN-SPORTLER

Mit Anabolika zur Höchstleistung?

Zu den anabolen Substanzen zählen

▶ **Anabole Steroide**

Dies sind so genannte Steroidhormone, die den Eiweißansatz und das Wachstum fördern. Dabei ist zu unterscheiden zwischen endogenen Steroidhormonen, die im menschlichen Körper produziert werden und damit ein natürlicher Bestandteil der Körperchemie sind, und solchen, die synthetisch hergestellt werden und eine mehr oder weniger gezielte Abwandlung der körpereigenen Hormone darstellen.

Definition

Anabole Substanzen sind alle Stoffe, die den Stoffwechsel des Menschen (Metabolismus) in Richtung Aufbau (Anabolismus), insbesondere in Richtung Eiweißaufbau, beeinflussen, oder aber die zumindest dafür sorgen, dass der Abbau (Katabolismus) vermindert oder gehemmt wird.

Die körpereigenen anabolen Hormone sind in der Regel männliche Sexualhormone, so genannte Androgene. Das bekannteste körpereigene Steroidhormon ist das Testosteron, das in den Leydigzellen des Hodens gebildet wird. Kleinere Mengen von Androgenen werden jedoch auch in den Eierstöcken und in den Nebennierenrinden produziert.

Die Androgene beeinflussen nicht nur die körperliche, sondern auch die psychische Entwicklung des Mannes, insbesondere das Sexual- und auch das Aggressionsverhalten.

Da alle von außen verabreichten anabolen Hormone, gleich ob natürlicher oder synthetischer Herkunft, zu erheblichen Nebenwirkungen, d. h. Beeinträchtigungen sowohl der körperlichen als auch der psychischen Gesundheit, führen können, muss vor einer Verwendung dieser Stoffe zu sportlichen Zwecken nur eindringlich gewarnt werden.

▶ **Das »Wachstumshormon« STH**

Andere Bezeichnungen sind »somatotropes Hormon«, »Somatotropin« und »HGH« (Human Growth Hormone). Das STH wird im Hypophysenvorderlappen gebildet. Die Hypophyse ist gewissermaßen die oberste aller im Körper wirkenden Drüsen und steuert

somit die Tätigkeit aller anderen inneren Drüsen und damit einen beträchtlichen Teil unserer Lebensfunktionen. Das von ihr produzierte STH steuert das Längenwachstum, die Proteinsynthese und viele weitere wichtige Vorgänge im Körper. Beim Menschen wurde bis vor einiger Zeit nur das aus menschlichen Hypohysen gewonnene STH eingesetzt, womit seine Anwendung schon aus ethischen Gründen auf wenige ernsthafte Erkrankungen wie etwa den hormonell bedingten Zwergenwuchs beschränkt blieb. Seit sie auch auf gentechnischem Weg gewonnen werden kann, spukt diese Substanz auch in den ehrgeizigen Dopingträumen so mancher Sportler. Der Vertrieb von STH wird jedoch wesentlich schärfer überwacht als bei den anabolen Steroiden. Zudem scheinen seine anabolen Wirkungen von vielen dopenden Sportlern überschätzt zu werden. Es regt allerdings die Proteinsynthese an, hat eine lipolytische Wirkung (Anstieg der freien Fettsäuren im Serum) und kann so zumindest in Verbindung mit sportlichem Training zu einer Reduktion des Körperfettanteils und zu einer (zumindest relativen) Vergrößerung der aktiven Masse führen. Die körpereigene Produktion und Ausschüttung des Hormons wird durch Stress, das Sinken des Blutzuckerspiegels (Hunger), durch intensives Krafttraining, Tiefschlaf und möglicherweise auch durch die Einnahme bestimmter Aminosäuren gefördert.

▸ **INSULIN**

Insulin wird in den Langerhansschen Inseln in der Bauchspeicheldrüse gebildet. Es handelt sich hier um ein blutzuckersenkendes und Glykogen aufbauendes Hormon, das bei gesunden Menschen einen normalen Blutzuckerspiegel ga-

Vorsicht!

Es kann nicht deutlich genug gesagt werden, dass man, um leistungsfähig, stark und muskulös zu werden, nicht auf die Wahl von anabolen Steroiden beschränkt ist, mit deren Einnahme erhebliche Gefahren für die leibliche und seelische Gesundheit verbunden sind. Mehr über die Risiken der Anabolikaeinnahme und die Ergebnisse der Forschung zu gesünderen Alternativen erfahren Sie auf den folgenden Seiten.

BILD LINKS: *Ungesund und unschön: mit Anabolika zu Muskelmasse.*
BILD RECHTS: *Mit Spritzen und Pillen zum Erfolg? Längerfristig gesehen schaden Sie damit Ihrer Gesundheit enorm.*

rantiert. Bei vielen Diabetespatienten ist die Produktion von Insulin gestört. Da es als Eiweißkörper vom Magen zerstört werden kann, muss es in diesem Fall injiziert werden.

▸ **Anabol wirkende Kombinationen von Vitaminen, Mineralstoffen und Aminosäuren**

Außer anabolen Hormonen scheint es weitere Stoffe zu geben, die, wenn sie schon nicht einen eigenständigen anabolen Effekt haben, so doch zumindest eine anabole Stoffwechsellage begünstigen, wie sie bei intensiv trainierenden Sportlern, insbesondere natürlich bei Kraftsportlern, in der Regel gegeben ist. Man setzt hierbei häufig auf Kombinationen von Vitaminen und Mineralstoffen, die in Verbindung mit einer proteinreichen Ernährung die Regeneration und den Aufbau des Muskelgewebes gewährleisten und beschleunigen.

Die von Kraftsportlern gewünschte anabole Stoffwechsellage lässt sich auch durch harmlose natürliche Stoffe fördern.

Russische Forscher empfehlen z. B. eine Kombination aus Vitamin E und den Vitaminen B1, B2, B6, B12 und B15; bulgarische Forscher betonen die Rolle von Natrium, Kalium, Chlor und Phosphor; deutsche Forscher testeten eine Mischung aus Vitamin E, Magnesium, Kalium und Chlor (siehe Seite 80ff.).

Aminosäuren, Vitamine & Co.

Essenzielle Stoffe

In einer Zeit, in der immer neue Nährstoffkonzentrate auf den Markt kommen, wird sich der interessierte Verbraucher stets die Frage nach dem Ziel und Zweck dieser Präparate stellen, noch nicht zu reden von dem noch schwierigeren Problem, ob der verfolgte Zweck mit dem jeweiligen Produkt in der jeweiligen Zusammensetzung auch erreicht wird oder nach dem jeweiligen Kenntnisstand überhaupt erreicht werden kann. Es stellt sich deshalb zunächst die Frage, welchen Sinn Eiweiß- bzw. Aminosäurepräparate in der Ernährung des Kraftsportlers haben, um dann zumindest anzureißen, welchen Anforderungen ein solches Produkt oder eine auf den Sport abgestimmte natürliche Ernährung gerecht werden soll, um das angestrebte Ziel von Kraft- und Muskelzuwachs erreichen zu können. Davor ist es jedoch sinnvoll, einen kleinen Ausflug in die Grundlagen der Ernährung zu unternehmen.

Jeder Mensch hat ein Bedürfnis oder eine Vorliebe für bestimmte Nahrungsmittel, die er besonders gerne mag. So entwickeln einige ein (für die Figur unheilvolles) Bedürfnis nach

Schokolade oder nach Kuchen, ein anderer bevorzugt Schweinehaxen mit Sauerkraut und wieder ein anderer schwört auf seine Tasse Kaffee oder sein Glas Bier. Diesen eben genannten Nahrungsmitteln ist jedoch gemeinsam, dass ein gesunder Körper keinen (regelmäßigen) Bedarf an ihnen hat, d.h., dass keinerlei Mangelerscheinungen auftreten, wenn man auf diese Nahrungsmittel zugunsten von anderen verzichten müsste. Während der Bedarf sich also auf lebensnotwendige Stoffe bezieht und damit auf einen objektiven Mangel hinweist, äußert sich das Bedürfnis in Wünschen und Vorlieben, also in einem subjektiv empfundenen Mangel.

Natürlich gibt es Situationen, in denen beide übereinstimmen. So äußert sich z.B. der Bedarf an Flüssigkeit in einem unmissverständlichen Bedürfnis: Man hat Durst. Sowie es aber Bedürfnisse gibt, denen kein Bedarf entspricht (beispielsweise bei der eingangs erwähnten Schokolade), so gibt es aber leider auch einen Bedarf an Stoffen, für die man kein Bedürfnis verspürt. Diese Stoffe fehlen also dem Körper, ohne dass man diesen Mangel exakt angeben könnte. Meist fühlt man sich einfach schlecht oder abgespannt, erreicht einfach nicht die gewohnte Leistung, ohne dafür eine Ursache angeben zu können. Es kann sogar geschehen, dass man durch einen Mangel an diesen Stoffen ernstlich erkrankt, ohne jemals ein Bedürfnis nach Nahrungsmitteln zu verspüren, die diese fehlenden Stoffe enthalten. Es ist deswegen sicherlich recht interessant, sich diese Stoffe einmal näher anzusehen.

Grundbausteine der Proteine

Die Aminosäuren, von denen hier ausführlicher gesprochen werden soll, sind die Grundbausteine der Proteine (Eiweißstoffe) und als solche die wichtigsten Stickstofflieferanten in der belebten Natur.

Diese Aminosäuren werden vom menschlichen Körper in einer ausgewogenen Zusammensetzung benötigt. Es gibt insgesamt über 100 verschiedene Aminosäuren, von denen aber nur 25 als Bestandteile der Eiweißstoffe ei-

Käse ist ein guter Eiweißlieferant, enthält aber je nach Sorte reichlich Fett.

Hört sich einfacher an als es ist: Auch nicht essenzielle Stoffe können lebensnotwendig sein.

ne besondere Bedeutung für das tierische (und also auch menschliche) Leben haben. Während jedoch Pflanzen und zahlreiche Mikroorganismen alle 25 Aminosäuren synthetisieren, das bedeutet selbstständig herstellen können, fehlt insbesondere den Säugetieren und damit auch dem Menschen die Fähigkeit der Synthese zumindest einiger dieser Aminosäuren. Diese müssen deshalb ebenso wie die Vitamine mit der Nahrung zugeführt werden; man bezeichnet sie als essenzielle Aminosäuren.

Essenzielle Stoffe im Überblick

Allgemein bezeichnet man alle Stoffe, die dem Körper von außen zugeführt werden müssen, als essenzielle Stoffe. Dazu rechnet man insbesondere:

- Hauptelemente, also diejenigen Stoffe, aus denen der menschliche

Essenziell oder nicht?

Wasserlösliche Vitamine

Bei den folgenden wasserlöslichen Vitaminen ist umstritten, ob sie zu den essenziellen Stoffen gehören:

- Adenin (B4)
- Adenosinmonophosphat (B8)
- Karnitin (Br)
- Orotsäure (B13)
- Pangamsäure (B15)
- Pteroylglutaminsäure (B10/B11)
- Vitamin B14
- Vitamin I (B7)

Körpereigene Aminosäuren

Die restlichen 17 Aminosäuren vermag der erwachsene menschliche Körper zwar selbst herzustellen, sie sind deshalb jedoch nicht weniger wichtig für die Verwertung und den Aufbau von Eiweiß.

- Alanin
- Arginin
- Asparagin
- Asparaginsäure
- Glutamin
- Glutaminsäure
- Glyzin
- Histidin
- Hydroxylysin
- Hydroxyprolin
- Ornithin
- Prolin
- Serin
- Tyrosin
- Zitrullin
- Zystein
- Zystin

Körper überwiegend besteht, wie Wasserstoff, Kohlenstoff, Stickstoff, Sauerstoff, Schwefel u. a.

- Mineralstoffe wie Natrium-, Kalzium-, Kalium-, Magnesium-, Chlorid- und Phosphationen
- Spurenelemente wie Eisen, Kupfer, Zink, Mangan, Kobalt, Molybdän, Vanadium, Jod, Chrom, Nickel, Selen, Fluor, Silizium u. a., möglicherweise auch Lithium, Rubidium, Strontium und Zinn
- Essenzielle Fettsäuren wie die früher Vitamin F genannte Linolsäure, eine zweifach ungesättigte Fettsäure; vermutlich ist auch die dreifach ungesättigte Linolensäure essenziell

Beide Fettsäuren sind in letzter Zeit wegen ihrer wahrscheinlich günstigen Wirkung auf den Cholesterinspiegel und ihrer vorbeugenden Wirkung bei Erkrankungen der Herzkranzgefäße, bei Angina pectoris sowie bei Herzinfarkten auch in der öffentlichen Diskussion.

Unter den Vitaminen und Aminosäuren zählen zu den essenziellen Substanzen:

- Wasserlösliche Vitamine

Thiamin (B1), Riboflavin (B2), Pyridoxin (B6), Nikotinamid (PP), Pantothensäure (B5), Biotin (H), p-Aminobenzoesäure (H'), Folsäure und Kobalamin (B12)

- Bioflavonoide

Askorbinsäure (C), Cholin, Mesoinosit

Die eiweißreichen Austern gehören zu den nährstoffreichsten Lebensmitteln überhaupt: Sie enthalten sehr viel Vitamin A, B1, B2 und B12, Eisen, Zink, Magnesium und Kupfer.

- Fettlösliche Vitamine

Retinole (A1, A2), Kalzipherole (D2, D3, D4, D5), Tokopherole (E), Chinone (K1, K2), Ubichinon (Q)

- Essenzielle Aminosäuren

Valin, Leuzin, Isoleuzin, Lysin, Methionin, Threonin, Phenylalanin, Tryptophan

Für den trainierenden Sportler sind diese Vitamine und Aminosäuren von besonderem Interesse, da der Verbrauch und Bedarf im Einzelfall deutlich höher ist als bei körperlich unbelasteten Menschen.

Zudem führt eine erhöhte körperliche Belastung durch sportliche Aktivitäten auch zu vermehrtem oxidativem Stress, einem Ungleichgewicht von freien Radikalen gegenüber antioxidativen Schutzmechanismen. Einige Vitamine unterstützen diese für die Regeneration des Körpers so wichtigen antioxidativen Mechanismen.

Wer mehr verschleißt, braucht auch mehr: Der Bedarf an vielen Vitaminen und Aminosäuren ist bei Sportlern erhöht.

Vitamine und Mineralstoffe

Man kann wohl davon ausgehen, dass jeder ernsthafte Sportler sich hinreichend gesundheitsbewusst ernährt, um den zum Überleben notwendigen Bedarf an sämtlichen Vitaminen und Mineralstoffen durch seine Ernährung zu decken. Doch reicht das, was zum Leben genügt, auch aus, um die Leistung zu erbringen, die ein guter Sportler erbringen möchte?

Lebenswichtig

Die Vorsilbe »vita« im Wort »Vitamine« signalisiert schon die lebenswichtige Bedeutung der Vitamine. Als so genannte essenzielle Bestandteile der Ernährung sind sie Voraussetzung für viele lebensnotwendige Vorgänge im Körper; wenn sie fehlen, nimmt die Gesundheit unweigerlich Schaden.

Im Zuge der Fitnesswelle und einer immer bewussteren und auf Gesundheit ausgerichteten Ernährung werden mittlerweile zahlreiche Ergänzungspräparate angeboten, deren Werbung oftmals nur noch vor dem Versprechen des ewigen Lebens zurückschreckt. So steht der Verbraucher z. B. in den USA und in den letzten Jahren auch in Deutschland mehr oder weniger ratlos vor den Regalen der dortigen Kaufhäuser, in denen auf einer Länge von etwa zehn Metern hunderte und aberhunderte von Vitaminpräparaten und anderen Fitmachern angeboten werden, die in speziellen Kombinationen Stress oder Schlaflosigkeit sowie Mattigkeit und Müdigkeit zu bekämpfen versprechen.

Eine Reihe von Fachleuten behauptet deshalb wohl nicht ganz ohne Grund, dass der in den USA und nun auch in Deutschland zu beobachtende Vitaminboom vor allem dem Umsatz der Herstellerfirmen nützt, weniger aber der Gesundheit der Verbraucher.

Sinn und Unsinn der Präparate

Diese Kritik hat jedoch nur dann ihre Berechtigung, wenn man sich im Alltag gesund und vitamin- und mineralstoffreich ernährt. Wer sich vor allem mit Currywurst, Pommes frites, Colagetränken und ähnlich nahrhaften Dingen verpflegt, wird mit großer Wahrscheinlichkeit noch nicht einmal einen Bruchteil seines Vitaminbedarfs decken können.

Wenn darüber hinaus die These vertreten wird, dass auch der unstrittig höhere Vitaminbedarf eines Sportlers durch eine ausgewogene Ernährung gedeckt werden kann, so geht man dabei von der meines Erachtens wirklichkeitsfernen Annahme aus, dass eine solche gesunde Ernährung nach Belieben zur Verfügung steht. In den letzten Jahren hat sich jedoch lediglich der Schadstoffgehalt der Nahrung erhöht, der Vitamingehalt ist indessen durch ausgelaugte Böden sowie die chemische und physikalische Behandlung der Nahrungsmittel (Konservieren, Erhitzen, Lagern usw.) keineswegs mehr gesichert.

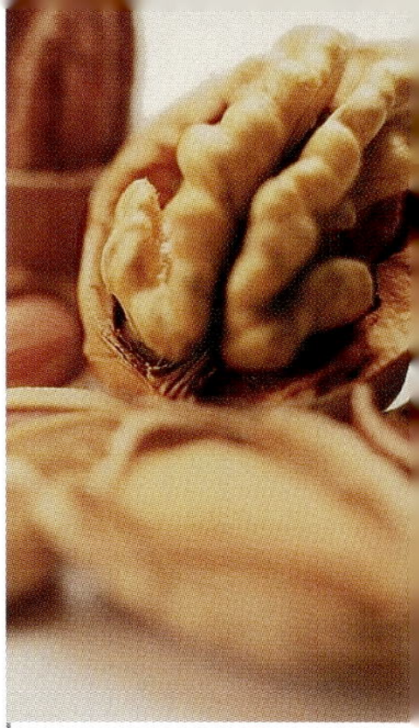

Muskeln durch Vitamine?

Für den Muskelaufbau sind insbesondere drei Vitamine bzw. Vitamingruppen interessant:

- Vitamine der B-Gruppe
- Vitamin C
- Vitamin E

Innerhalb der Gruppe der B-Vitamine verdienen einige eine besondere Erwähnung.

Vitamin B1

Vitamin B1 muss dem Körper regelmäßig zugeführt werden. Nach etwa 9 bis 18 Tagen wird (je nach Dosis und körperlicher Belastung) die Hälfte des zugeführten Vitamin B1 verbraucht oder ausgeschieden. Die Aufnahme erfolgt überwiegend im Dünndarm, und zwar bis maximal fünf Milligramm pro Tag. Darüber hinausgehende Dosen werden größtenteils unverändert ausgeschieden. Vitamin B1 wird u. a. in der Muskulatur gespeichert, stärker beanspruchte Muskeln enthalten jeweils auch größere Mengen des Vitamins. Bei körperlicher Anstrengung nimmt die B1-Konzentration im Blutspiegel ab, bei B1-armer Ernährung verringert sie sich zuerst in den Muskeln. Ein solcher Mangel äußert sich vor allem in Muskelschwäche, rascher Ermüdbarkeit, Herzbeschwerden und Appetitlosigkeit. Bei Mangel an B1 wird die bei körperlicher Beanspruchung entstehende Milchsäure bzw. die sich daraus entwickelnde so genannte Brenztraubensäure nicht schnell genug abgebaut, und sie sammelt sich im Gewebe an. Verminderte Trainingsleistungen bei Sportlern sind hier die zwangsläufigen Folgen.

Vitamin B2

Das Vitamin B2 wurde ursprünglich aus Milch isoliert und deshalb – sowie auch wegen seiner gelben Farbe – als Laktoflavin bezeichnet. Die heute übliche Bezeichnung ist Riboflavin. Neben Milch kommt es auch in Innereien, Fleisch, Getreide, Kartoffeln und Blattgemüse vor. Seine intensive gelbe Färbung, die sich bei höherer Dosierung auch im Urin wiederfindet, hat bereits Anlass zu interessanten Spekulationen gegeben.

So hat man beispielsweise in den leuchtenden Organen verschiedener Leuchtkäferarten teilweise über elf Prozent Vitamin B2 gefunden und aus dieser Tatsache geschlossen, dass dieses Vitamin auch eine erhebliche Rolle beim Phänomen des Leuchtens spielen muss. Sportler, die eine größere Menge Riboflavin zu sich genommen haben, haben jedoch bislang noch nicht zu leuchten begonnen.

Wie viele andere Nüsse enthalten auch Walnüsse besonders viel Vitamin B1 und B2.

Klinische Tests

Prof. Dr. Snatzke aus Bochum und Prof. Dr. Tscheche aus Bonn berichten, dass durch regelmäßige Injektionen von Vitamin B1 im Abstand von fünf Tagen der Milchsäurespiegel im Blut von Athleten um gut 40 Prozent gesenkt werden konnte.

BILD LINKS: *Neben Vitamin B6 enthalten Bananen vor allem viel Kalium.*
BILD RECHTS: *B-Vitamine sind im Tofu reichlich vertreten, ebenso wie Eisen und Magnesium.*

Nicht alles lässt sich im Roh- oder Urzustand verzehren. Durch Kochen, Braten, Backen und auch durch mechanische Bearbeitung nehmen viele Vitamine jedoch Schaden.

Ein Mangel an Vitamin B2 wirkt sich vor allem auf Haut und Schleimhäute aus, an den Augen beobachtet man Lid- und Bindehautentzündungen. Riboflavin senkt den Blutzuckerspiegel und erhöht die Glykogenreserven. Höhere Dosen scheinen insbesondere bei Hautkrankheiten, Verbrennungen, Ekzemen, einseitiger Ernährung und starker körperlicher Beanspruchung angebracht zu sein.

Vitamin B6

Vitamin B6 kommt vor in Leber, Rindfleisch, Karotten, Hühnerei, Fisch, Bananen u. v. a. Beim Braten und Kochen werden allerdings erhebliche Mengen des Vitamins zerstört. So nimmt der B6-Gehalt von Fleisch dabei um 50 Prozent, bei Gemüse um bis zu 75 Prozent und bei der Bearbeitung von Getreide zu Feinmehl um bis zu 90 Prozent ab. Mangelerscheinungen können sich in nervösen Störungen, verminderter Eiweißsynthese, Muskelschwund und Krämpfen äußern.

Der Bedarf an Vitamin B6 orientiert sich vor allem an der Höhe der Proteinzufuhr. Dabei veranschlagt man ungefähr 0,02 Milligramm pro Gramm Eiweiß. Geht man davon aus, dass ein normaler, körperlich nicht schwer belasteter Mensch etwa ein Gramm Eiweiß pro Kilogramm Körpergewicht zu sich nimmt, so hat ein erwachsener Mann von 80 Kilogramm einen Vitamin-B6-Bedarf von 1,6 Milligramm. Ein intensiv trainierender, 100 Kilogramm schwerer Kraftsportler, der drei Gramm Eiweiß pro Kilogramm Körpergewicht zu sich nimmt, kommt somit auf einen Bedarf von sechs Milligramm Vitamin B6.

Vitamin B12

Vitamin B12 wird im menschlichen Körper vor allem in der Leber und in der Muskulatur gespeichert. Die stabilste Form ist das Zyanokobalamin; als Depot, mit längerer Verweildauer im Blut, wird zuweilen auch das Hydroxykobalamin gehandelt.

Vitamin B12 wird ausschließlich durch Mikroorganismen hergestellt, bei rein vegetarischer Ernährung fehlt es völlig. Der Mensch nimmt dieses Vitamin überwiegend mit tierischen

Nahrungsmitteln auf, beispielsweise durch Leber und andere Innereien, Milch, Eier und Fleisch.

Vitamin B12 wird durch die Magenschleimhaut aufgenommen, allerdings nur, wenn ein dort produziertes Protein, der so genannte intrinsic factor vorhanden ist, der sich mit dem Vitamin verbindet. Fehlt dieser intrinsic factor, z. B. infolge einer Erkrankung der Magenschleimhaut, so kann es zu einem Mangel an Vitamin B12 kommen.

Die bekannteste Vitamin-B12-Mangelerkrankung ist die so genannte perniziöse Anämie, eine Blutarmut, die zumeist mit Zungenbrennen beginnt. Ein leichter Mangel kann beispielsweise bei Vegetariern auftreten oder bei Menschen, die die gesamte Nahrung eines Tages nur auf ein oder zwei große Mahlzeiten verteilen. Da Vitamin B12 u. a. beim Aufbau von körpereigenem Protein beteiligt ist, ist eine ausreichende Versorgung für den aktiven Sportler ratsam.

Bei rein vegetarischer Ernährung kann eine ausreichende Versorgung mit Vitamin B12 problematisch sein.

Vitamin C

Vitamin C wird bei oraler Einnahme vom Körper recht gut aufgenommen und ist als Askorbinsäure in reiner, pulverisierter Form auch recht preiswert. Als Mittel zur Beschleunigung der Wundheilung, vom Nobelpreisträger Linus Pauling als Erkältungsvitamin angeboten oder ganz allge-

Zufuhr von außen
Sinnvoll und unbedenklich?

- Neben einschlägigen Präparaten eignet sich insbesondere die Bierhefe zur Deckung des gesamten Vitamin-B-Bedarfs. Die Resorptions-, d. h. Aufnahmefähigkeit in Magen und Darm ist für diese Vitamine jedoch recht begrenzt, bei hohen Dosierungen wird somit der Löwenanteil der vereinnahmten (und oft auch teuer bezahlten) Vitamine ungenutzt ausgeschieden.
- Manche Sportler ziehen deshalb die intramuskuläre Injektion vor, für den Freizeitsportler dürfte das jedoch eine übertriebene und bedenkliche Maßnahme sein.

mein als Fitmacher genießt das Vitamin C einen nicht unumstrittenen Ruf als Universalmedizin. Die Dosierungsempfehlungen der einzelnen Fachleute weichen teilweise erheblich voneinander ab. Im Allgemeinen scheinen jedoch etwa 1 bis 1,5 Milligramm pro Kilogramm Körpermasse ausreichend zu sein, Sportler nehmen häufig auch das Vier- bis Fünffache.

Mehrbedarf

Raucher benötigen offenbar grundsätzlich mehr Vitamin C als Nichtraucher. Zudem werden bestimmte Krebs erzeugende Stoffe wie Nitrosamine durch Vitamin C in ihrer schädlichen Wirksamkeit behindert.

Die wirksame Form ist die L-Askorbinsäure. Die gelegentlich erwähnte Erythorbinsäure, die sich im chemischen Aufbau kaum von Vitamin C unterscheidet, ist ernährungsphysiologisch ohne Bedeutung. Diskutiert wird auch, ob das Askorbigen, das bei der Zubereitung einiger Kohlarten entsteht, eine dem Vitamin C vergleichbare Wirkung aufweist.

Vitamin E

Eines der umsatzstärksten Vitamine der vergangenen Jahre ist zweifellos das Vitamin E, insbesondere die rechtsdrehende Form D-α-Tokopherol (was gleich noch ausführlich erklärt werden wird). Vitamin E besitzt eine ausgeprägte Antioxidanzwirkung und bewahrt somit z. B. die Margarine vor dem Schlechtwerden. Was das jedoch medizinisch bedeuten kann, ist recht umstritten. Vitamin-E-Befürworter und -gegner pflegen ihre Auseinandersetzung zumindest in der Öffentlichkeit nicht immer mit wissenschaftlicher Redlichkeit zu führen, und so bleibt dem Verbraucher häufig nur das Vertrauen auf Werbeinformationen oder nicht weniger zweifelhafte Artikel in irgendwelchen Illustrierten. Da sich jedoch die Hinweise mehren, dass Vitamin E den Sauerstoffbedarf des Muskelgewebes vermindert und wahrscheinlich eine ausgeprägte Zellschutzfunktion hat, mag man den Einsatz hier ähnlich wie auch bei den bisher erwähnten Vitaminen pragmatisch

Zitrusfrüchte – vor allem Zitronen, Orangen und Grapefruits – sind wahre Vitamin-C-Bomben. Decken Sie Ihren täglichen Bedarf daher mit frischem Obst.

Dass Spinat überdurchschnittlich viel Eisen enthält, hat sich mittlerweile zwar als Ammenmärchen herausgestellt; dennoch ist er reich an Kalium und Magnesium.

abwägen. Dem wahrscheinlichen Nutzen steht ein unwahrscheinlicher Schaden gegenüber. Eine echte Überdosierung von Vitamin E scheint, von ein paar nicht auf die Lebenswirklichkeit zu übertragenden Laborversuchen abgesehen, zumindest bei intensiv trainierenden Sportlern sehr selten zu sein. Die Empfehlungen schwanken zwischen 10 und 100 Milligramm pro Tag. Die heutigen Präparate enthalten häufig 200 Milligramm und mehr pro Tablette, die bevorzugt nach oder mit der Hauptmahlzeit eingenommen und in der Regel gut vertragen werden.

Magnesium, Kalium und Chlor

Deutsche Sportmediziner (Gerlach und Golf) haben die Bedeutung von Vitamin E, Magnesium, Kalium und Chlor untersucht und sind dabei zu dem Schluss gekommen, dass eine abgestimmte Kombination dieser Stoffe die folgenden Ergebnisse gebracht hat: erhöhte Glukosekonzentration im Blut schon während des Wettkampfs, verbesserter Sauerstofftransport und bessere Abpufferung von Säuren, beschleunigter Metabolismus der Nieren und weitere positive Effekte. Insgesamt erreichte die mit dieser Kombination behandelte Gruppe von Sportlerinnen und Sportlen eine »unübliche, gleichmäßige körperliche Leistung, die sich sowohl in physischer als auch in psychischer Stabilisierung ausdrückt. Muskuläre Probleme sind in ihrer Häufigkeit und in ihrer Schwere deutlich reduziert, so genannte Überlastungsphänomene fehlen.«

Vitamin E verbessert dabei die Energiebereitstellung der quer gestreiften Muskulatur, Magnesium wirkt stabilisierend auf alle Zellmembranen und hat einen günstigen Einfluss auf den Kohlenhydrat-, Eiweiß- und Fettstoffwechsel sowie auf den Erregungsstoffwechsel der Nerven und Muskeln. Die normale Zufuhr von Magnesium mit der Nahrung, insbesondere bei Anstrengung und Krankheit, wird von den Autoren als völlig unzureichend bezeichnet. Starke Magnesiumverluste durch Urin, Schweiß und den erhöhten Bedarf im Körper führen zu einem starken Absinken der Magnesiumkonzentration und damit der Leistungsfähigkeit des Sportlers. Es er-

Wenn alle Vitamine das halten würden, was die Werbung verspricht, wären sie nach wie vor apothekenpflichtig. Dennoch ist bisweilen eine zusätzliche Einnahme sinnvoll.

scheint daher wünschenswert, wenn nicht sogar notwendig, Magnesium über das übliche Nahrungsangebot hinaus einzunehmen. In Verbindung mit Vitamin E soll es hier zu einem deutlichen Synergismus, d.h. also zu einer erheblichen Wirkungsverstärkung kommen.

Von allem etwas

Im Prinzip sind alle Vitamine und Mineralstoffe am Erhalt der sportlichen Leistungsfähigkeit beteiligt. Wenn eines dieser Vitamine, Mineralien und Spurenelemente in der Ernährung weitestgehend fehlt, so wird sich dies neben gesundheitlichen Einschränkungen auch in einer Wachstumshemmung äußern.

Kalium aktiviert ganz allgemein die Muskeltätigkeit und verbessert die Durchblutung und Leistung des Herzes. Auch hier wird die Einnahme zusammen mit Magnesium empfohlen. Diese Kombination kann ferner durch die Einnahme von Kieselsäure und nützlichen pflanzlichen Wirkstoffen abgerundet werden.

Selen

Besonders zu erwähnen ist noch das Spurenelement Selen. Selen wird vor allem aus pflanzlichen Nahrungsstoffen aufgenommen. Es ist essenzieller Bestandteil des Enzyms Glutathionperoxidase, dessen Aufgabe vor allem darin besteht, die Zellen unseres Körpers vor freien Radikalen zu schützen.

Bei einem Selenmangel ist die Enzymkonzentration deutlich erniedrigt und es kommt »... wegen verminderten Abbaus von Peroxiden zu einer erheblichen Einschränkung der Zellfunktion sowie zur Zellzerstörung« (Zumkley / Kisters). Geradezu berüchtigt ist die insbesondere aus der Veterinärmedizin bekannte so genannte weiße Degeneration der Skelettmuskulatur (»white muscle disease«). In besonders selenarmen Gebieten wie beispielsweise im südlichen Neuseeland wird auch ein Zusammenhang mit Muskelerkrankungen beim Menschen vermutet.

Aminosäuren und Proteine

Ähnliches gilt auch für die Proteine und ihre Bestandteile, die Aminosäuren. Proteine sind unentbehrliche Bestandteile der menschlichen Nahrung, aus denen unser Körper nach dem Aufspalten in der Verdauung körpereigene Proteine herstellt. Der menschliche Körper selbst enthält viele Tausende verschiedener Proteine, die aufgrund ihrer jeweiligen besonderen Struktur auf ganz spezifische Aufgaben innerhalb unseres Körpergeschehens spezialisiert sind. Dies gilt auch für die einzelnen Aminosäuren.

Das **ARGININ** beispielsweise ist in erheblichem Maß an der Proteinsynthese im menschlichen Körper beteiligt, u.a. durch die Synthese und Freisetzung des Wachstumshormons der Hirnanhangsdrüse.

So enthält das männliche Sperma beispielsweise einen großen Prozentsatz der Substanz Arginin. Relativ

hoch dosiertes Arginin (bis zu zwei Gramm) findet sich auch in verschiedenen Lebertherapeutika.

Die Einnahme isolierter Aminosäuren in höheren Dosierungen ist wegen diverser Nebenwirkungen allerdings umstritten. Eine einzelne Aminosäure sollte also niemals in den Mengen konsumiert werden, in denen man für gewöhnlich zu Eiweißpräparaten greift. Nicht umsonst ist die Darreichungsform hier in der Regel eine Tablette. In der manchen Kraftsportlern und Bodybuildern eigenen Maßlosigkeit könnte hier der Eindruck entstehen, dass mehr auch mehr hilft, dies ist jedoch bei dem komplexen Stoffwechselgeschehen nicht der Fall.

Seit Öffnung der innereuropäischen Grenzen gibt es ein reichhaltiges Angebot von Aminosäure-

Bevor Sie zu synthetischen Präparaten greifen, sollten Sie Ihren Bedarf über natürliche Nahrungsmittel decken. Das ist nicht nur gesünder, sondern auch billiger!

präparaten auf dem Markt, in denen Arginin zumeist mit Ornithin kombiniert wird, wodurch sich die Wirksamkeit des Arginin wahrscheinlich erhöht. Neben der anregenden Wirkung auf die HGH-Ausschüttung ist wohl insbesondere die unterstützende Funktion, die Arginin auf den Stoffwechsel der Leber ausübt, für die eine oder andere Erfolgsmeldung verantwortlich.

ORNITHIN ist eine wasserlösliche Aminosäure, die im so genannten Harnstoffzyklus aus Arginin entsteht. Da es aber selbst wiederum den Argininspiegel anhebt, wird es in Aminosäurepräparaten zumeist mit Arginin kombiniert. Beide Aminosäuren können die Insulinausschüttung verändern. Diabetiker müssen also vorsichtig sein. Die Einnahme von hohen Dosen reinen Ornithins (d. h. ohne andere Aminosäuren) über längere Zeit empfehle ich (entgegen den Empfehlungen anderer Autoren) jedoch nicht, da ein Enzym im Abbau von Ornithin, die Ornithindekarboxilase, im Verdacht steht, Krebs fördernde Eigenschaften zu besitzen.

Lysin

Lysin ist eine essenzielle Aminosäure, der eine besondere Bedeutung für das Wachstum, die Geweberegeneration und die Produktion von Antikörpern, Hormonen und Enzymen zukommt.

Eine maßvolle Kombination aus Arginin, Ornithin und eventuell noch Lysin könnte jedoch förderlich für die Verwertung von Fettsäuren und für die Eiweißbildung sein.

Die Aminosäure **METHIONIN** wird vor allem wegen ihrer lipotropen (fettauflösenden) Wirkung geschätzt und findet daher häufig in Arzneimitteln mit der entsprechenden Zielrichtung Verwendung.

BCAA-Kombi

Auch eine Kombination der so genannten verzweigtkettigen Aminosäuren (BCAAs) Leuzin, Isoleuzin und Valin scheint eine positive Wirkung für den Muskelaufbau zu haben, zumal unsere Muskulatur zu einem großen Teil aus ihnen besteht. Damit eignen sich diese Aminosäuren vor allem als Ergänzung zur täglichen Nahrung und weniger zur isolierten Einnahme außerhalb der Mahlzeiten.

GLYZIN wird eine besondere Bedeutung für die Funktion der Hirnanhangsdrüse nachgesagt sowie auch für die Funktion der Muskulatur. Sein Einsatz bei bestimmten Formen von Muskelschwund, niedrigem Blutzucker und Azidose (Übersäuerung des Blutes) lässt einen positiven Einfluss auf sportliche Leistung vermuten.

TYROSIN soll ebenfalls eine Rolle bei der Anregung von Hirnaktivitäten spielen. Es soll sogar die Entzugserscheinungen von Drogensüchtigen mildern, indem es Depressionen und Erschöpfung lindert. Vielleicht liegt hier eine Chance für bereits abhängige Anabolikaumsteiger.

Chemisch handelt es sich bei den Aminosäuren um organische Säuren (Karbonsäuren), die eine oder mehrere Aminogruppen (-NH_2-Gruppen) im Molekül enthalten. Je nach Position dieser Aminogruppen spricht man von α-, β-, γ- … Aminosäuren. In ähnlicher Weise geschieht auch die Namensgebung bei verschiedenen Vitaminen einer Vitamingruppe (beispielsweise α-Tokopherol als bevorzugte Vitamin-E-Variante).

Ein bisschen Chemie

Ferner unterscheidet man sowohl bei Aminosäuren als auch bei Vitaminen rechts- und linksdrehende (D- und L-) Formen: Dabei stimmen die Moleküle nahezu vollständig miteinander überein. Lediglich die räumliche Anordnung der Atome an dem zentralen Kohlenstoffatom ist unterschiedlich. Hier verhalten sich die Moleküle zueinander wie Bild und Spiegelbild oder wie die linke Hand zur rechten.

Solche Stoffe, die sozusagen nur in ihrer Bruttozusammensetzung übereinstimmen, bezeichnet man in der Chemie als Isomere. Erstaunlicherweise tritt nun in allen natürlichen

BILD LINKS: *Der Anteil der Aminosäure Arginin ist in Linsen besonders hoch.*
BILD RECHTS: *Auch Hülsenfrüchte sind reich an wertvollen Aminosäuren.*

Proteinen immer nur ein solches Isomer auf, nämlich die linksdrehende Form. Alle natürlichen Proteine bestehen aus L-Aminosäuren. Nun unterscheiden sich die links- und rechtsdrehenden Aminosäuren in ihrem Verhalten gegenüber anderen Substanzen kaum voneinander, und es ist auf den ersten Blick kaum einzusehen, warum nicht beide auf unserer Erde vorkommen sollten.

Dennoch sind alle Proteine von Pflanzen und Tieren ausschließlich aus der L-Form aufgebaut, und ein fiktives Wesen, das aus D-Aminosäuren bestünde und sich in seinem Aussehen in keiner Weise von uns unterscheiden würde, würde spätestens dann als andersartig überführt, wenn es unsere nur auf L-Aminosäuren aufbauende Nahrung zu sich nähme. Zwar könnte es unsere Luft atmen und unser Wasser trinken, müsste letztlich jedoch jämmerlich verhungern, da sein Körper die Aminosäuren mit der »falschen« Drehung nicht als Nahrung akzeptieren würde. Dieses Wesen könnte allerdings durch im Labor synthetisierte D-Aminosäuren gerettet werden, denn bei der künstlichen Herstellung von Vitaminen und Aminosäuren fallen oft beide Isomere an. Das bedeutet in umgekehrtem Schluss für uns, dass wir nun allerdings mit solchen synthetischen D-Aminosäuren wenig anfangen könnten, da wir ausschließlich linksdrehende Formen verarbeiten können.

Vitaminvarianten

Bei den Vitaminen ist die Situation ganz ähnlich, nur dass hier gelegentlich auch rechtsdrehende D-Formen als natürliche Stoffe vorkommen, so z. B. beim Vitamin E und der Pantothensäure. Auch hier gilt aber, dass dann nur das rechtsdrehende Isomer in der Natur vorkommt, dass also die andere Form ausschließlich im Labor erzeugt werden kann. Es stirbt jetzt zwar keiner daran, wenn er die falsche Form zu sich nimmt; bei Präparaten, in denen jedoch beide Formen vorkommen, wird ein (recht erheblicher) Teil an Wirksamkeit verschenkt oder – besser ausgedrückt – die nicht oder weniger wirksamen Substanzen werden oftmals mitbezahlt.

Tipp für den Einkauf: Die natürliche Form des Vitamin E hat die Bezeichnung D-α-Tokopherol, die weniger wirksame synthetische Variante D-L-α-Tokopherol.

Synthetisches Vitamin E erkennt man in der Regel an der Bezeichnung D-L-Tokopherol, in dem also beide Formen vorkommen. Bekommt man demnach für den gleichen Preis die gleiche Menge D-Tokopherol, so ist diesem der Vorzug zu geben.

Daraus ergibt sich zusammenfassend, dass Protein- und Vitaminpräparate vor allem dann als hochwertig bezeichnet werden können, wenn die in ihnen enthaltenen Stoffe in ihrer natürlichen Form vorliegen. Für die Proteinpräparate erhebt sich zusätzlich noch die Forderung, dass darin alle lebensnotwendigen Aminosäuren in möglichst ausgewogenem Verhältnis vorhanden sein müssen. Proteine, in denen eine oder mehrere lebenswichtige Aminosäuren fehlen, sind somit als geringerwertig zu betrachten.

Ein gutes Aminosäureprofil haben allerdings auch alle Magermilchprodukte, mageres Fleisch, möglichst fettfreier Fisch, die Kombinationen von Hühnereiern und Kartoffeln, Hühnereiern und Weizen oder von Bohnen und Mais. Ein fast fettfreier Harzer Käse enthält oftmals wesentlich mehr hochwertiges Eiweiß als viele so genannte Eiweißriegel – er schmeckt allerdings auch deutlich herber.

Nicht jedermanns Geschmack, aber ein fettfreier Harzer hat oftmals mehr hochwertiges Eiweiß als ein Eiweißriegel.

Kohlenhydrate – der Bodytreibstoff

Mensch und Maschine

Es gibt eine entfernte Ähnlichkeit zwischen der Verbrennung der Nährstoffe im menschlichen Körper und der Verwertung von Brennstoffen wie z. B. Kohle, Öl oder Gas in einer Verbrennungsmaschine.

Sowohl die Nährstoffverbrennung im Körper als auch die Benzinverbrennung im Auto werden beispielsweise in Kilokalorien bzw. in Kilojoule berechnet; beide Vorgänge laufen unter der Beteiligung von Sauerstoff ab, und beide liefern letztlich mechanische Energie oder Wärmeenergie.

Da nun der menschliche Körper aus nahe liegenden Gründen nicht die Betriebstemperatur eines Automotors erreicht, muss seine Verbrennung gedrosselt werden, sie läuft deshalb über verschiedene Zwischenstufen ab. Im Gegensatz zur Maschine ist der Mensch allerdings in der Lage, eine sehr große Anzahl verschiedener Nahrungsmittel zur Verbrennung heranzuziehen, während das Auto oft mit nur einer einzigen Sorte Benzin ohne Schaden zu betreiben ist.

So wie ein großes Auto mit einem großen Motor sehr viel mehr Benzin, d. h. Energie pro Zeiteinheit verbraucht, so ist auch der Energieverbrauch eines mit großen Muskelmassen ausgestatteten Sportlers erheblich höher als der Energieverbrauch eines eher untrainierten »Normalverbrauchers«.

Das gilt selbstverständlich auch im »Leerlauf«: Eine größere Muskelmasse nimmt auch in Ruhe mehr Energie auf als eine kleinere Muskulatur. Zum Bedauern aller Fettleibigen gilt dies jedoch nicht für große Fettmassen, die zu ihrem Erhalt schon mit sehr wenig Energie auskommen.

Einschließlich eines regelmäßigen Trainings können Kraftsportler je nach Gewichtsklasse somit schnell auf einen Energieverbrauch von 3000 bis 6000 Kilokalorien (12 000 bis 24 000 Kilojoule) kommen, im Superschwergewicht und bei sehr hartem Training wurden auch schon 7000 Kilokalorien (28 000 Kilojoule) gemessen.

Diese Energie wird aber keineswegs vollständig in körperliche Arbeit umgewandelt, denn sonst stünden uns wahrhaft riesige Kräfte zur Verfügung. Ähnlich einer Glühlampe, bei der nur etwa fünf Prozent der zugeführten elektrischen Energie bestimmungsgemäß in Licht übergeführt wird, verwandelt die Muskulatur nur etwa 20 Prozent bis 30 Prozent der verbrauchten Energie in mechanische Energie, d. h. in Muskelarbeit. Der große Rest wird genau wie bei der Glühlampe in Wärmeenergie umgewandelt und an die Umgebung abgeführt.

Bei isometrischer Anstrengung, wenn also ein Gewicht lediglich ruhig gehalten und somit im physikalischen Sinn keine Arbeit geleistet wird (Arbeit = Kraft x Weg), ist der mechanische Wirkungsgrad sogar null Prozent, d. h., sämtliche Energie wird jetzt in Form von Wärme freigesetzt.

Größere Muskeln verbrauchen auch im Ruhezustand mehr Kalorien als kleine Muskeln. Diese Kalorien werden meist in Form von Körperwärme abgegeben.

Brennstoffe und Baustoffe

Wenn vorhin gesagt wurde, dass der Mensch eine sehr große Anzahl von Nahrungsmitteln zur Energiegewin-

Es muss nicht immer ein Hamburger sein ... Mit einem »Vollwertburger« aus gesundem Vollkorn und mit frischem Salat decken Sie ihren Kohlenhydratbedarf weitaus gesünder.

nung heranziehen kann, so sind die in diesen Nahrungsmitteln enthaltenen Nahrungsstoffe aber im Wesentlichen auf sechs Gruppen beschränkt.

- Wasser
- Kohlenhydrate
- Eiweiß
- Fett
- Vitamine
- Mineralstoffe und Spurenelemente

Wir wollen an dieser Stelle nur die Stoffe betrachten, von denen wir regelmäßig größere Mengen benötigen. Außer dem Wasser sind dies Kohlenhydrate, Eiweiß und Fett.

Fett liefert mit Abstand am meisten Energie, kommt aber für die schnelle Verbrennung im Kraftsport nicht infrage.

Diese werden in Magen und Darm in ihre Bestandteile zerlegt. So werden die Kohlenhydrate in Glukose und Fruktose, das Eiweiß in die einzelnen Aminosäuren und die Fette in Glyzerin und freie Fettsäuren aufgespalten. Die einzelnen Stoffe werden sodann vom Organismus aufgenommen und dort entweder in Energie umgewandelt oder aber zum Aufbau körpereigener Substanzen verwendet.

Der Körper ist in begrenzter Weise durchaus in der Lage, einzelne Nährstoffe durch andere zu ersetzen. So kann er Proteine umwandeln in Wasser, Fett oder Kohlenhydrate, Kohlenhydrate selbst können in Wasser oder Fett und unter bestimmten Bedingungen in Aminosäuren verwandelt werden. Fett kann allerdings nur zum Gewinn von Wasser dienen.

Betrachtet man diese drei Stoffe nur von ihrem Kaloriengehalt aus, so ist Fett allerdings am ergiebigsten: ein Gramm Fett liefert 9,3 Kilokalorien (38,9 Kilojoule), dieselbe Menge Eiweiß oder Kohlenhydrate nur 4,1 Kilokalorien (17,1 Kilojoule).

Die meisten Fette sind Triester des Glyzerins, die so genannten Triglyzeride. Von besonderer Bedeutung sind hier die ungesättigten Fettsäuren, deren Kennzeichen eine oder mehrere Kohlenstoffdoppelbindungen sind. Insbesondere die Linolsäure mit zwei

Nicht nur als schnelles und köstliches Gericht beliebt: Läufer feiern regelrechte »Pastapartys«, um ihren erhöhten Kohlenhydratbedarf zu decken.

Ein »kerniger« Start in den Tag: Müslis enthalten neben gesunden Kohlenhydraten auch viele Ballaststoffe und liefern lang anhaltende Energie.

Doppelbindungen, die Linolensäure mit drei Doppelbindungen und die Arachidonsäure mit vier Doppelbindungen gelten als »essenzielle« Fettsäuren.

Das Eiweiß jedoch ist für eine einfache, schnöde Verbrennung viel zu schade, denn es wird dringend für den Aufbau des Enzymsystems und für den Aufbau von Körpersubstanz, insbesondere für den Aufbau von Muskelmasse benötigt.

Eiweiß ist somit ein Baustoff, Kohlenhydrate und Fette sind (überwiegend) Brennstoffe.

Die Bedeutung der Kohlenhydrate

Man könnte nun zunächst annehmen, dass man die Energie für eine intensive sportliche Betätigung am besten durch eine Platz sparende und zumeist auch noch schmackhafte, fette Mahlzeit gewinnt. Die Erfahrung zeigt jedoch, dass die sportliche Leistung bei einseitiger, sehr fetter Kost deutlich abnehmen kann.

Nun ist die Verwertung der Fette bei dauerhafter Muskelarbeit trotz ihres hohen Kaloriengehaltes relativ ungünstig, wenngleich man auf diesen Energieträger bei großer Dauer (Langstreckenlauf) nicht verzichten kann. Kraftsportler mit relativ kurzen Phasen der Anstrengung muss dies aber nicht weiter kümmern. Vielmehr muss man (auch) im Kraftsport berücksichtigen, dass die Muskelermüdung bei starkem Training u.a. durch Milchsäure verursacht wird, die beim Kohlenhydratabbau im Muskel entsteht. Diese müsste bei ausreichender Sauerstoffzufuhr zu Kohlendioxid und Wasser oxidiert werden. Bei großen Anstrengungen jedoch reicht die Sauerstoffversorgung nicht mehr aus, und es kommt zu einer Überladung der Muskelzellen mit Abfallstoffen.

Muskelkater

Ob durch die Ablagerung von Abfallstoffen auch der berühmte »Muskelkater« entsteht, darüber gibt es ungefähr so viele Lehrmeinungen wie es Lehrbücher gibt. Fest steht aber, dass hierunter die Leistungsfähigkeit des Muskels leidet.

Die Leber ist nun sogar in der Lage, die anfallende Milchsäure wieder in den Betriebsstoff der Muskeln, nämlich in Glukose, bzw. Glykogen zurückzuverwandeln. Ferner werden in der Leber Kohlenhydrate in Form von Gly-

Reift die Banane, wandelt sich ihre schwer verdauliche Stärke in leichter resorbierbare Zuckermoleküle um. Reife Bananen sind demnach weitaus nahrhafter.

Kohlenhydrate sind für unseren Organismus, insbesondere für Kraftleistungen, ein besserer Treibstoff als Fett und Eiweiß.

kogen gespeichert. Die Leber wird jedoch durch große Fettmengen erheblich irritiert und in ihrer Funktion beeinträchtigt. Somit steht der Muskulatur bei steigendem Milchsäuregehalt weniger verwertbares Glykogen zur Verfügung.

Kohlenhydrate statt Fett

Damit scheiden also sehr fettreiche Mahlzeiten für den Sportler aus. Da das wertvolle Eiweiß vorwiegend als Baustoff verwendet werden soll, kommt als Energielieferant demnach nur noch eine kohlenhydratreiche Kost infrage. So ist beispielsweise in der Struktur- und Summenformel der Kohlenhydrate $[C_m(H_2O)_n]$ bereits Sauerstoff enthalten, der für die Oxidation zur Verfügung steht. Es muss also weniger Sauerstoff von außen zugeführt werden als für die Verbrennung von Eiweiß oder Fett. Damit bilden die Kohlenhydrate die am besten verwertbare und verbrennbare Energiequelle in der Muskulatur.

Der Vorrat an unmittelbar verwertbarer Glukose im Blut reicht allerdings nicht lange. Bei sehr starker Anstrengung ist er nach etwa zwei Minuten aufgebraucht. Der Organismus hat jedoch gleichsam »vorgesorgt«, indem er in der Leber und in der Muskulatur selbst Depots geschaffen hat, in denen er Kohlenhydrate in Form von Glykogen speichert.

Diese Depots werden nun durch die Ernährung entscheidend beeinflusst. So wird der Glykogenspiegel im Muskel durch eine kohlenhydratreiche Kost erhöht und damit automatisch das Durchhaltevermögen der Muskulatur verbessert.

In der Aufbau- und Trainingsphase kommt es also darauf an, durch erhöhte Kohlenhydratzufuhr den Glykogenspiegel möglichst hoch zu halten und auch nach dem Training oder Wettkampf möglichst rasch wieder zu füllen. Dies erreicht man durch leicht verdauliche, kohlenhydratreiche Kost oder aber durch entsprechende Präparate, die wegen ihrer Konzentration und ausgewogenen Zusammensetzung die Verdauung möglichst wenig belasten.

Langfristige Energie

So bestehen diese Präparate in der Regel aus Mehrfachzuckern (Oligosacchariden), die dem Organismus über einen längeren Zeitraum Energie zur Verfügung stellen als die schnell verfügbaren Mono- und Disaccharide, die sich in Süßigkeiten wie Honig, Limonaden und Malzbier befinden.

Ebenfalls von Bedeutung für die langfristige Energieversorgung der Sportlerin bzw. des Sportlers sind Polysaccharide wie sie in Kartoffeln, Getreideflocken, Müslis, Brot, Nudeln oder Bananen vorkommen.

Drogenmissbrauch im Sport

Kraft aus der Retorte

Bertold Brecht soll 1928 gesagt haben: »Der große Sport fängt da an, wo er längst aufgehört hat, gesund zu sein.« Dieser Ausspruch ist heute, mehr als 70 Jahre später also, aktueller denn je zuvor.

Doping als »Drogenmissbrauch«

Es ist offenbar an der Zeit, das Stichwort »Drogenmissbrauch« nicht mehr nur für gesellschaftliche Aussteiger oder »Gescheiterte« wie Heroinabhängige und Alkoholiker zu reservieren. Es kann auch auf die so genannten Macher ausgedehnt werden, diejenigen Menschen, die Drogen nur deshalb einnehmen, weil sie sich ohne diese Stoffe dem Leistungsdruck nicht gewachsen fühlen, die sich aber andererseits diesem Leistungsdruck auch nicht verweigern wollen.

Diese Gleichsetzung gilt umso mehr, als sich einige leistungssteigernde Drogen in ihren langfristigen Auswirkungen nicht wesentlich von der Wirkung so genannter harter Drogen unterscheiden und der Verdacht nicht von der Hand gewiesen werden kann, dass sie in etlichen Fällen die Entstehung exogener Psychosen, also echter Geisteskrankheiten, bedingt oder zumindest begünstigt haben. Erfolgreiche Menschen finden stets Nachahmer, die mit den gleichen Methoden den gleichen Erfolg zu erzielen versuchen. Voraussetzung dafür ist, dass man die Methode des jeweiligen Vorbilds kennt.

Gerade im Sport werden unzählige Trainingsmethoden gehandelt, und die Zeitungen sind voll von den Trainingsvorschlägen der Spitzenstars. Eine große, gläubige Fangemeinde trainiert dann getreu nach den Anweisungen ihrer Idole, in dem Glauben, dass jene selbst die Gründe ihres Erfolges kennen und nennen und dass diese Tipps ohne weiteres auf die eigene Person, den eigenen Körper übertragen werden können.

Doping ist lediglich ein besonderer Aspekt eines allgemein anwachsenden Drogenproblems in der Gesellschaft.

Ohne Doping läuft es nicht?

Eine besondere Nuance erhält dieses Verhalten nun durch die von etlichen Spitzenathleten selbst vertretene Einstellung, dass Höchstleistung ohne Doping nicht zu erbringen sei und dass man deshalb auf Doping nicht verzichten kann, solange es die anderen nicht auch tun. Fachleute wie Professor Krüskemper bezweifeln zwar, dass der Dopingeffekt z. B. bei Anabolika wesentlich mehr ist als Einbildung, aber die versetzt ja bekanntlich

Wer echte Spitzenleistung bringt, dem wird leider sofort unterstellt, dass er »etwas« genommen hat. So erhält sich der Glaube, dass es »ohne« nicht geht.

Berge. So höre ich vor allem von jugendlichen Sportlern wiederholt die Meinung, dass ein entscheidender Trainingsfortschritt nur durch die Einnahme entsprechend reichlich dosierter Anabolika zu erreichen ist. Sollten sich nun Spitzenathleten wie der Dreispringer Peter Bouschen gegen die Einnahme von Anabolika aussprechen, so wird ihnen das als bloßes Lippenbekenntnis ausgelegt, welches nicht in Einklang mit dem eigenen Verhalten stehe.

Kann denn Leistung Sünde sein?

Das Verhalten eines Leistungssportlers ist zumindest in seinem Training in hohem Maß zielgerichtet, und dagegen ist zunächst auch nichts einzuwenden. Aber: Wenn alles, was man im Sport macht, dazu dient, die eigene Leistung zu steigern, soll man dann auch wirklich alles machen, was die Leistung steigern könnte?

So beklagt die Olympiateilnehmerin Brigitte Berendonk einen allgemeinen Werteverfall durch eine »ins Übermächtige gewachsene Schar von dopingfördernden Funktionären, Politikern, Sportmedizinern, Trainern … und betrügerischen Sportler(n), die durch ihr Doping dem Leistungssport seine guten Argumente, seine Existenzgrundlage entzogen haben, nämlich Gesundheit und Erziehung, körperliche Integrität und Fairness«.

Doping ist gefährlich

Körperliche Folgen

- Die Einsicht, dass Drogen die Gesundheit gefährden, kommt zumeist erst dann, wenn der ganze Körper durch Akne entstellt ist, die Leber ihre Funktion eingestellt hat oder wenn man wegen erheblichen Fehlverhaltens von anderen Sportlern gemieden oder gar vom Wettkampf ausgeschlossen wird.
- Die Gefahr verschiedener Nebenwirkungen besteht vor allem für Jugendliche und Frauen, bei denen die zusätzliche Gabe anaboler Hormone wegen der geringeren körpereigenen Hormonproduktion einen tieferen Eingriff in das Hormongeschehen des Körpers darstellt als beim trainierenden Mann.
- Bedenkt man, dass Hormone zum Teil illegal für wenig Geld gekauft werden können, so hat man es hier mit einem Problem zu tun, das man nicht leichtfertig als Problem einer unbedeutenden Minderheit abtun sollte. Liegt eine entsprechende Leistungsmotivation vor, so ist die Hemmschwelle für den Gebrauch von Drogen kaum höher anzusetzen als für den Ge- bzw. Missbrauch von Alkohol.

Der Verdacht des Drogenmissbrauchs hängt meist wie ein drohender Schatten über den betroffenen Sportlern. Das sollte Ihnen keine Karriere wert sein.

Tatsächlich scheint der pharmazeutisch getunte Leistungssport allerdings recht gut existieren zu können. Offenbar sind die von Berendonk zitierten sportlichen Werte nicht ersatzlos gestrichen worden, sondern an ihre Stelle sind Werte wie Erfolg, Leistung und Geld getreten, eben jene Werte also, die unsere Gesellschaft ohnehin in weiten Bereichen bestimmen. Sportler vollziehen demnach nur nach, was ihnen in anderen Bereichen des öffentlichen Lebens, z. B. von den führenden Köpfen der Politik und der Wirtschaft, vorgelebt wird.

So berechtigt in diesem Zusammenhang vielleicht moralische Argumente sein mögen, so wenig dürften sie in der Praxis bewirken. Interessanter und wirksamer erscheint hingegen die pragmatische Frage, ob mit dem Einsatz von Anabolika das angestrebte Ziel der Leistungssteigerung und des Erfolgs überhaupt erreicht werden kann.

Anabole Steroide

Die weite Verbreitung von Anabolikapräparaten als Dopingmittel im Sport (siehe dazu auch Seite 74ff.) scheint seltsamerweise die Folge einer speziellen Variante des (inzwischen hoffentlich vergangenen) kalten Krieges zwischen Ost und West, insbesondere zwischen der ehemaligen Sowjetunion und den USA zu sein.

Als Testosteron in den 1950er Jahren erstmals im internationalen Sport von den Russen eingesetzt wurde, konterten die Amerikaner umgehend mit dem Einsatz des vom Pharmakonzern CIBA entwickelten Anabolikums Dianabol. Dieses wurde daraufhin unter den Schwerathleten äußerst populär und fand bald auch in anderen Sportarten Verbreitung, ganz besonders im Bodybuilding.

Heute sind eine Vielzahl von Anabolikapräparaten auf dem Markt, und größere Marktanteile sind pikanterweise häufig die Folge unfreiwilliger »Werbeauftritte« wie beispielsweise der Sprintsiege von Ben Johnson oder Katrin Krabbe.

Pyrrhussiege

Wenn im Sport weiterhin in dem schon heute üblichen Umfang gedopt wird, sollte man vielleicht einmal sarkastisch in Erwägung ziehen, im Sinne einer »Markenmeisterschaft« nicht mehr nur die Sportler, sondern auch die jeweiligen Biochemiker und Pharmakonzerne für den errungenen »Sieg« auszuzeichnen.

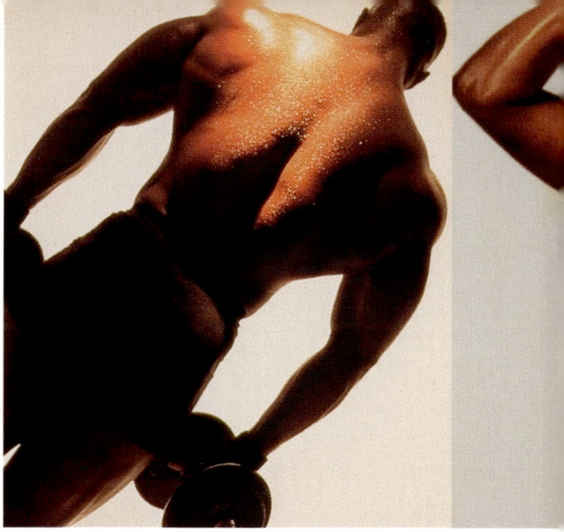

BILD LINKS: *Die meisten Medikamente, die eine Wirkung haben, haben auch Nebenwirkungen. Diese leidvolle Erfahrung machen viele Sportler oft zu spät.*
BILD RECHTS: *Aufgrund ihres niedrigeren Testosteronspiegels potenziert sich bei Frauen die Wirkung von Anabolika.*

Bedauerlicherweise müssen Anabolika, um überhaupt Wirkung zu zeigen, oft recht hoch dosiert werden, da Leistungssportler ohnehin über einen erhöhten Spiegel an körpereigenen männlichen Hormonen verfügen.

Wirkungen

Welcher Art diese Wirkung ist, darüber ist man in Fachkreisen jedoch geteilter Meinung. Unstrittig ist wohl nur die Zunahme des Körpergewichts. Ob dieser Zuwachs jedoch die erwünschte Zunahme an Muskelmasse bedeutet oder wesentlich durch den vermehrten Rückhalt an Wasser im Körper zustande kommt, ist nicht eindeutig geklärt. Der Blick auf die Waage jedenfalls vermag nicht über den Erfolg einer Anabolikakur zu entscheiden.

Sicherer Effekt

Recht wahrscheinlich bei der Einnahme von Anabolika ist eine psychotrope Wirkung, d. h. eine Steigerung der Aggressivität und die damit einhergehende größere Trainingsmotivation.

Recht unsicher sind die Effekte, um derentwillen Anabolika in der Regel genommen werden, nämlich der Zuwachs an sportlicher Leistung, Körperkraft und – vor allem im Bodybuilding – an Muskelmasse. Die bloße Einnahme anaboler Steroide allein macht noch nicht stark, die körperliche Anstrengung bleibt dem Sportler in keinem Fall erspart. Aber auch bei höherer Dosierung in Verbindung mit Training und eiweißreicher Kost ist eine erhebliche Zunahme von Kraft und Muskelmasse nicht sicher, wenngleich in einigen Fällen der Erfolg nicht bestritten werden kann.

Nebenwirkungen

Wären da nicht die unerwünschten Nebenwirkungen, so könnte man die Einnahme von anabolen Steroiden gewissermaßen als interessanten Selbstversuch betrachten. Beim derzeitigen Stand der Dinge ist jedoch der Ausgang dieses Experimentes nicht vorherzusehen.

So ist es bis zum heutigen Tag nicht gelungen, die anabole und die androgene Komponente der Anabolika zu trennen. Die anabole Komponente stellt den eigentlichen Sinn einer Ana-

bolikaeinnahme dar, sie bedeutet die vermehrte Proteinsynthese und den gesteigerten Muskelaufbau. Die androgene Komponente hingegen bewirkt lediglich eine im Allgemeinen (vor allem aber bei Athletinnen) unerwünschte Vermännlichung. Da bei Frauen der natürliche Testosteronspiegel etwa 20- bis 40-mal geringer ist als beim geschlechtsreifen Mann, sind sowohl die Wirkungen als auch die Nebenwirkungen einer Anabolikagabe bei Frauen ungleich stärker als bei Männern. So kommt es bei ihnen sehr schnell zu bleibenden Veränderungen der Stimme (einem männlichen »Stimmbruch« nicht unähnlich), ferner zu einer Zunahme der Körper- und Gesichtsbehaarung, verstärktem Schwitzen, gesteigerter Talgproduktion der Haut und zu Menstruationsstörungen.

Peinliche Bloßstellung

Aber auch Männer bleiben oft nicht ungeschoren. So häufen sich hier die Berichte über Hodenschrumpfungen

Besonders schwere Nebenwirkungen zeigt die Einnahme von Anabolika bei Frauen, z. B. in einer bleibenden »Vermännlichung« der Stimme.

Über das Ausmaß des mit der Einnahme von Anabolika zu erreichenden zusätzlichen Kraftzuwachses bestehen in Sportlerkreisen große Illusionen. Da die Einnahme von Anabolika auf Seiten der Athleten stets mit ganz erheblichen Erwartungen an den Erfolg verknüpft ist, ist der Faktor Motivation wahrscheinlich in allen Fällen größer als die eigentliche biochemische Wirkung. Schilderungen von gewaltigen Trainingsfortschritten sind also entweder geschönt oder aber darauf zurückzuführen, dass der Betroffene erst dann ernsthaft trainiert hat, als er Anabolika eingenommen hat. In kontrollierten wissenschaftlichen Versuchen liegt der Gewinn an Kraft und Muskelmasse nur zwischen null und zehn Prozent, wobei die kosmetische Wirkung, d. h. die Veränderung des Erscheinungsbildes, noch als wahrscheinlicher gilt als die Zunahme der Leistungsfähigkeit.

Paradoxe Wirkung: Anabolika können so schwere Akne auslösen, dass man in der Öffentlichkeit nie wieder einen freien Oberkörper zeigen kann.

und Harnabflussschwierigkeiten in Folge von Prostatavergrößerungen, in selteneren Fällen auch über ein Wachstum der Brustdrüsen (Gynäkomastie), was insbesondere bei Bodybuildern, die auf ein besonders männliches Äußeres Wert legen, zu einer peinlichen Bloßstellung führt.

Auch bei Männern kommt es häufig zu einer gesteigerten Talgproduktion und bisweilen zu einer geradezu ausufernden Akne. Ich habe bereits Bodybuilder gesehen, bei denen die bleibenden Schäden der Haut geradezu monströs waren, so dass sie sich kaum noch in die Öffentlichkeit trauten.

Der zunehmende exzessive Gebrauch von Anabolika in sehr hohen Dosierungen hat in immer stärkerem Maß das Augenmerk auf Störungen des Herz-Kreislauf-Systems und des Fettstoffwechsels gelenkt. So führt die eingangs geschilderte Flüssigkeitsretention u. a. zu einer Erhöhung des Blutvolumens. Gleichzeitig sind in diesen Fällen vereinzelt auch beträchtliche Blutdruckerhöhungen gemessen worden.

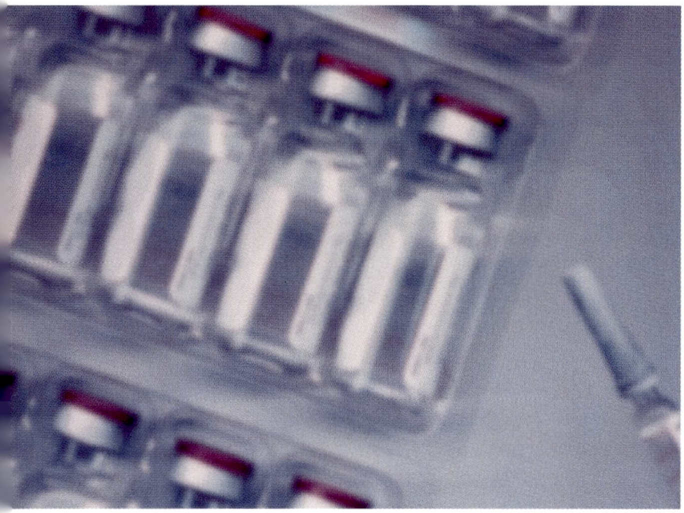

Vor allem Männer gefährdet

Offenbar sind Männer ganz allgemein in einem höheren Maß von Herz- und Gefäßerkrankungen betroffen als Frauen. Etliche Forscher führen dies auf den höheren Anteil androgener Hormone zurück, die eine ungünstige Wirkung auf das Lipoproteinprofil (Blutfette) haben sollen. So weisen Männer in der Regel eine schlechtere Verteilung von HDL- und LDL-Cholesterin auf. Dieses Risikoprofil scheint sich bereits bei der Einnahme von geringen Anabolikadosen erheblich zu verschlechtern. Möglicherweise wird eines der Schlüsselenzyme (Lezithincholesterolazyltransferase) durch Anabolika außer Kraft gesetzt (P. Rahkila). Auf diese Weise kommt es zu einer Verminderung des »guten« HDL-Cholesterins und teilweise extremen LDL-Werten. Bereits bei »therapeuti-

Anabolika führen bei Männern oft zum Gegenteil dessen, was sie erreichen wollen: Durch den veränderten Hormonhaushalt wirken sie äußerlich femininer.

schen« Dosen wird darum von einem erhöhten Herzinfarktrisiko gesprochen. Es nimmt deshalb nicht Wunder, wenn Gewichtheber und Bodybuilder, die teilweise mit geradezu abenteuerlichen Dosierungen arbeiten, während des Wettkampfs oder kurz danach zusammenbrechen und damit der Öffentlichkeit ein »überzeugendes« Symbol von Fitness bieten.

Oral, also z. B. in Pillenform, zugeführtes Testosteron wird relativ schnell in der Leber außer Kraft gesetzt. Die synthetisch hergestellten Anabolika wurden chemisch darum so abgewandelt, dass sie nicht mehr so schnell abgebaut werden.

Dies erreicht man beispielsweise durch eine an das 17. Kohlenstoffatom angelagerte Alkylgruppe (z. B. Dianabol). Dadurch stellen die synthetischen Anabolika jedoch eine erhebliche Belastung für die Leber dar, deren Enzymsystem zum Teil sehr empfindlich auf Anabolika reagiert. Auch hier kann es z. B. zu irreversiblen Gewebeveränderungen kommen, die sich schließlich als gut- oder auch bösartiger Lebertumor äußern.

Diese Gefahr besteht insbesondere bei den C17-alkylierten anabolen Steroiden. Die nicht alkylierten Derivate sind nach neuesten wissenschaftlichen Erkenntnissen offenbar zumindest in ihrer Auswirkung auf die Leber weniger aggressiv.

Viel hilft viel?

In geringen Dosierungen sind Anabolika zwar nicht harmlos, aber noch nicht allzu gefährlich. Der eigentliche »Kick« beginnt für manchen Bodybuilder jedoch erst bei hohen Dosierungen und einem Gemisch aus unterschiedlichen Präparaten, die gleichzeitig gespritzt oder geschluckt werden.

Der Flüssigkeitsbedarf im Sport

Wasser gehört nun auch im weitläufigsten Sinn nicht zu den anabolen Substanzen, und es fällt mir darum schwer, dieses Thema reibungslos in dieses Buch zu integrieren. Gleichwohl erschien es mir notwendig, dieses wichtige Thema anzusprechen, denn der menschliche Körper ist nun einmal auf eine regelmäßige und ausreichende Versorgung mit sauberem Wasser angewiesen, was einem manchmal erst durch Umweltkatastrophen wie diverse Ölverseuchungen bewusst wird. Ohne große körperliche Anstrengung werden täglich etwa 1,5 Liter Wasser über die Nieren ausgeschieden, jeweils ein halber Liter werden über die Lungenatmung und durch die Haut an die Luft abgegeben. Die tägliche Flüssigkeitsbilanz liegt somit bei etwa 2,5 Liter (Findeisen u. a.). Davon wird fast die Hälfte durch feste Nahrung zugeführt, die entweder selbst Wasser enthält oder aber die bei

Lebenselixier Wasser
Warum Wasser für den Körper wichtig ist

- Obwohl sich ein sportlich »gestählter« Körper nicht danach anfühlt, so besteht er doch zu etwa 60 Prozent aus Wasser. Dieses Wasser befindet sich zu etwa zwei Dritteln innerhalb der Zellen (intrazellulär), das restliche Drittel befindet sich im extrazellulären Raum, also z. B. in den Blutgefäßen.
- Wasser ist zwar kein Energielieferant, es ist jedoch von erheblicher Bedeutung für die meisten Funktionen des Körpers. Es dient als Lösungs- und Transportmittel für die meisten lebensnotwendigen Stoffe. Völliger Wasserentzug führt darum nach etwa zwei bis drei Tagen zu bedrohlichen Stoffwechselstörungen, und ein Wasserverlust von etwa 15 Prozent des Körpergewichts gilt als tödlich.

Der menschliche Körper läuft mit »Wasserkühlung«. Im Gegensatz zum Automotor ist unser Kühler jedoch permanent »leck« und muss nachgefüllt werden.

der stoffwechselbedingten Oxidation im Körper Wasser entstehen lässt. Der Rest, und das sind in der Regel 1,0 bis 1,5 Liter, muss getrunken werden. Eine überschüssige Wasserzufuhr ist wesentlich ungefährlicher als zu wenig Flüssigkeit, denn jedes Zuviel wird von unseren Nieren über den Harn wieder abgegeben.

Messungen der Urinausscheidungen hart trainierender Sportler ergeben jedoch häufig verringerte Ausscheidungsmengen, was ein klares Indiz dafür ist, das in diesen Fällen der Wasserbedarf nicht gedeckt ist. Zum einen erhöht der verstärkte Stoffwechsel den Wasserbedarf – zur Herstellung von einem Gramm Glykogen benötigt der Körper fast die dreifache Menge an Wasser –, zum anderen wird durch die erhöhte Atemfrequenz mehr Wasser ausgeatmet. Vor allem aber werden erhebliche Wassermengen in Form von Schweiß ausgeschieden.

Schweiß muss fließen

Ähnlich anderen »Verbrennungsmaschinen« produziert auch der menschliche Körper umso mehr Wärme, als ihm Leistung abverlangt wird. Damit es nun nicht zu einer Überhitzung und damit zu Funktionseinbußen kommt, muss der Körper diese überschüssige Wärme abgeben. Am einfachsten erreicht er dies durch die Verdunstung von Wasser. Die dabei auftretende Verdunstungskälte – ein Liter Wasser »verbraucht« etwa 580 Kilokalorien – garantiert die optimale Betriebstemperatur.

Mit verbessertem Trainingszustand verbessert sich zugleich diese Möglichkeit der Temperaturregulation, d. h., ein durchtrainierter Athlet kann in aller Regel mehr Schweiß produzieren als ein unsportlicher Mensch. Während Untrainierte normalerweise nicht mehr als einen Liter Schweiß ausscheiden können und damit entsprechende Einschränkungen in ihrer Leistungsfähigkeit hinnehmen müssen, steigt die Schweißproduktion beim Trainierten auf zwei bis drei Liter pro Stunde und mehr. Schweiß ist also entgegen der landläufigen Meinung keineswegs ein Anzeichen für einen schlechten Trainingszustand.

Auch beim Training trinken!

Nun wird aber fließender Schweiß häufig als unangenehm empfunden, und so manche Sportler nehmen absichtlich sehr wenig Flüssigkeit zu sich, mit dem Ziel, damit die Schweißproduktion quasi gewaltsam zu unterdrücken. Was die meisten jedoch nicht wissen: Wer mehr trinkt, schwitzt nicht auch mehr. Der Schweiß fließt in der Regel stärker bei Menschen, die wenig Flüssigkeit zu sich nehmen. Denn bei ausreichender Flüssigkeitszufuhr braucht ein Sportler gar nicht mehr so stark zu schwitzen, weil seine Wärmeabstrahlung wegen der besseren Durchblutung von vornherein besser ist als bei einem Athleten mit eingedicktem Blut.

Diese Wärmeabstrahlung funktioniert natürlich nur bei gemäßigten oder kühlen Außentemperaturen. Bei großer Hitze kann der Körper auf diesem Weg keine Wärme abgeben und ist damit zur Regelung seiner Temperatur auf das Schwitzen angewiesen. Sollte diese Schweißsekretion erzwungenermaßen tatsächlich dadurch abnehmen, dass man zu wenig trinkt, so muss es zu einer erheblichen Überhitzung des Or-

Leistungsknick

Werden die Wasserverluste nicht ausgeglichen, so kommt es schnell zu Leistungseinbußen. Schon bei einem Wasserverlust von zwei Prozent des Körpergewichts kommt es zu Störungen der Ausdauer, ab vier Prozent verringert sich auch die Kraftleistung. Dies gilt umso mehr, wenn dieser Wasserverlust sehr schnell eintritt, also z. B. bei großer Hitze.

Wird beim Sport immer noch gerne vernachlässigt: die Flüssigkeitszufuhr während des Trainings. Am besten eignen sich Wasser und verdünnte Fruchtsäfte.

ganismus kommen – es sei denn, der Körper drosselt seine Leistungsabgabe. Es ist jedoch ein Trugschluss zu glauben, man könne die verlorene Flüssigkeit dadurch ersetzen, dass man sich nun ein bis zwei Liter Colagetränke, Limonaden oder den in den USA so beliebten Eistee einverleibt. Mit dem Schweiß gehen dem Organismus nämlich zugleich größere Mengen an Mineralstoffen verloren.

Wasser- und Mineralstoffhaushalt bilden in unserem Körper aber eine untrennbare Einheit. Das bedeutet, dass der Organismus im Zustand der Austrocknung kein reines Wasser binden kann. Dieses würde vielmehr umgehend über die Nieren ausgeschieden, wodurch weitere Mineralstoffe verloren gingen und die ganze Situation noch schädlicher würde.

Durst

In den Kraftsportarten äußert sich der Wasserverlust in einem ausgeprägten Durstgefühl. Lediglich Ausdauersportlern wird eine Kontrolle des täglichen Harnvolumens angeraten, das bei mindestens einem Liter liegen sollte. Im Normalfall entspricht dem Bedarf jedoch ein Bedürfnis, d. h., die Flüssigkeitszufuhr regelt sich zuverlässig über den Durst, wobei man allerdings nicht zu schnell und vor allem nicht zu kalt trinken sollte.

Ausgleich des Defizits

Es ist also notwendig, nicht nur das verlorene Wasser, sondern zugleich auch die verlorenen Mineralstoffe zu ergänzen. So enthält ein Liter Schweiß etwa 2,7 bis 3,0 Gramm Mineralstoffe und Spurenelemente, vor allem Natrium, Kalium, Kalzium, Magnesium und Phosphor, sowie kleinere Mengen

Zink, Eisen, Mangan und Kupfer, die möglichst zusammen mit der verlorenen Flüssigkeit zugeführt werden müssen (Konopka). Insbesondere bei Kalium und Magnesium scheint es mitunter zu Mangelerscheinungen zu kommen, die sich in Muskelschwäche, Apathie oder auch in Muskelzuckungen und -krämpfen äußern können. Eine rechtzeitige Substitution scheint hier speziell bei starken Belastungen ratsam.

Der Mineralstoffhaushalt

Zu diesem Zweck gibt es Mineralstoffgemische oder auch fertige Mineralstoffgetränke, oder man mischt z. B. ein gutes Mineralwasser mit Obstsäften. Gute Mineralwässer in diesem Sinn sind solche, deren Mineralanteil zum einen recht hoch ist und zum anderen nicht ganz überwiegend aus NaCl (Kochsalz) besteht, denn gerade dieses Salz scheint der Körper mit verbessertem Trainingszustand einsparen zu können. Auch wasserreiche Früchte wie Äpfel oder Melonen können so-

BILD LINKS: *Nur wer dem Körper gibt, was er braucht, kann ihm auch Leistung abverlangen.*
BILD RECHTS: *Was man über den Schweiß an Mineralien verliert, sollte möglichst bald wieder zugeführt werden.*

wohl den Wasser- als auch den Mineralstoffhaushalt ergänzen. Bier taugt zu diesem Zweck übrigens nicht. Sein Gehalt an Mineralstoffen ist für den Einsatz als Sportlergetränk zu gering, und auch der Verweis auf die so vitamin- und mineralstoffreiche Bierhefe greift hier nicht: Die »gesunde« Hefe ist gerade das, was im Bier nicht mehr drin ist.

Ernährung – Fehler und Vorurteile

Beinahe täglich werde ich sowohl im Sport als auch im Alltag mit interessanten und oft merkwürdigen Vorstellungen und Ansichten über eine gesunde Ernährung konfrontiert, die von einigen Mitmenschen bereits auf ein Niveau von weltanschaulicher Bedeutung gehoben werden.

13 Mythen und ihre Klärung

Tatsächlich ist die Rückführung von Ernährungsprinzipien auf religiöse Hintergründe nicht neu, wie das Verbot von Schweinefleisch im Islam, die Tabuisierung etlicher Tierarten im Hinduismus und die (wahrscheinlich recht gesunden) Fastentage in vielen Religionen zur Genüge beweisen. Für den Sportler allerdings, der seine Ernährungsgewohnheiten vor allem nach dem Gesichtspunkt der Effektivität, d. h. der Leistungssteigerung ausrichtet, sind solche mythischen Begründungen, auch wenn sie gut gemeint sind, oft wenig hilfreich. Vor einiger Zeit stieß ich bei der Lektüre des Buches »Nutrition and the athlete« von J. J. Morella und R. J. Turchetti auf eine Sammlung von gängigen Vorurteilen und Mythen in der Sportlerernährung, die mich dazu anregte, sie mit meiner eigenen Sammlung zu vergleichen und damit zu ergänzen. Das Ergebnis kann auf den folgenden Seiten nachgelesen werden, wobei ich der Hoffnung Ausdruck gebe, dass wir beim Ausräumen alter Vorurteile nicht in neue verfallen werden.

Das bei vielen so beliebte Bier ist zum Ausgleich von Vitamin- und Mineralstoffverlusten nicht geeignet.

Eier enthalten nicht nur Eiweiß, sondern insbesondere im Eigelb auch reichlich Fett. Auf keinen Fall sollte man sie roh zu sich nehmen.

Ansicht 1: Protein ist die Hauptquelle für die Energie und Kraftentfaltung der Muskulatur.

Korrektur: Protein ist »Baustoff« der Muskulatur, nicht aber »Betriebsstoff«. Bei ausreichender Ernährung wird deshalb dieser Baustoff nicht zur Verbrennung herangezogen. Der Energiebedarf wird insbesondere im Kraftsport vielmehr aus dem Angebot an Kohlenhydraten gedeckt.

Ansicht 2: Steaks sind die beste Quelle für Protein.

Korrektur: Fisch, mageres Geflügel, mageres Schweinefleisch, Eier und Milchprodukte sind von der Eiweißzusammensetzung nicht schlechter. Wer zudem auf Purine und Cholesterin achten muss, findet in Magermilchprodukten oder modernen Eiweißpräparaten ebenso eine verlässliche Eiweißquelle.

Ansicht 3: Neben Fleisch bilden Eier die wichtigste Proteinquelle.

Korrektur: Eier bilden zwar eine im Aminosäurenprofil sehr hochwertige Eiweißquelle. Es ist jedoch zu bedenken, dass der Fettanteil im Ei fast genauso hoch ist wie der Eiweißanteil und dass bereits eine Dosierung von täglich einem (Frühstücks-)Ei bei Menschen mit entsprechender Veranlagung zu einem erheblichen Anstieg des Cholesterinspiegels führen kann.

Ansicht 4: Eier sollte man am besten roh essen.

Korrektur: Die früher oft geübte Unsitte, sich mit Hilfe eines rohen Eis einen »Kraftdrink« zu mischen, ist unter Umständen sogar recht riskant. Zum einen besteht bei rohen Eiern die Möglichkeit einer bakteriellen Infektion, zum anderen zerstört das in rohen Eiern enthaltene Avidin das lebenswichtige Vitamin Biotin. Man sollte Eier also nach Möglichkeit nur gekocht zu sich nehmen.

Das schmackhafte Paar muss oft als Ausrede herhalten: Als Proteinquelle eignen sich Fisch, Geflügel und Milchprodukte ebenso gut, wenn nicht besser als das saftige Steak.

ANSICHT 5: Fette gehören nicht in die Ernährung eines Sportlers.

KORREKTUR: Fette sind als Energieträger von großer Bedeutung. Vor allem bei Ausdauersportlern oder bei anhaltender körperlicher Belastung wird der Körper nicht ohne Rückgriff auf seine Fettreserven leistungsfähig bleiben (siehe auch Seite 93). Wird das mit der Nahrung aufgenommene Fett allerdings nicht benötigt, so kommt es zu der nicht nur bei Sportlern unbeliebten Bildung von Fettdepots. Es kommt also hier vor allem darauf an, des Guten nicht zu viel zu tun. Ferner sollte man darauf achten, dass das Angebot an Fett zu einem möglichst großen Anteil aus ungesättigten und mehrfach ungesättigten Fettsäuren besteht, wie sie besonders in pflanzlichen Ölen vorkommen. Reich an mehrfach ungesättigten Fettsäuren sind vor allem Distelöl, Leinöl, Sonnenblumenöl und Sojaöl. Fette tierischer Herkunft sind in ihrer Zusammensetzung eher ungünstig.

ANSICHT 6: Vor dem Training sollte man nichts essen.

KORREKTUR: Die Dauerleistungsfähigkeit ist in starkem Maß vom Glykogenvorrat in der Muskelzelle abhängig, der aber durch körperliche Tätigkeit ausgeschöpft wird. Um sowohl ein ausreichendes Angebot an Glykogen zu erzielen und zugleich den Körper nicht während des Trainings mit einer anstrengenden Verdauungstätigkeit abzulenken, empfiehlt sich eine kleine, leicht verdauliche, kohlenhydrathaltige Mahlzeit (oder ein entsprechendes Getränk) etwa eine halbe bis eine Stunde vor einem längeren Training (siehe dazu auch Seite 94).

ANSICHT 7: Während des Trainings sollte man nichts trinken.

KORREKTUR: Dieser masochistische Ratschlag kann zu einer deutlichen Verminderung der Trainingsleistungen führen (siehe Seite 103). Die Flüssigkeit, die während des Trainings über den Schweiß ausgeschieden wird, muss auch während des Trainings wieder ersetzt werden. Noch günstiger ist es, auch den gleichzeitigen Verlust an Mineralstoffen, insbesondere an Kalium, Magnesium und Natrium, auszugleichen, die man in Form von geeigneten Präparaten dem Getränk zusetzen kann.

Vor dem Training nichts zu essen und während des Trainings nichts zu trinken galt in früheren Jahren als richtig, führt aber tatsächlich zu deutlichen Leistungseinbußen.

ANSICHT 8: Milch ist als Sportlergetränk ungeeignet.

KORREKTUR: Milch enthält nicht nur Eiweiß in einer nahezu idealen Zusammensetzung, sondern auch die meisten Vitamine und Mineralstoffe, die der Mensch benötigt. Wer Milch in großen Mengen zu sich nimmt (Kraftsportler bisweilen bis zu vier Liter am Tag), sollte fettarmen oder fettfreien

Schokolade zählt zwar nicht gerade zu den »guten« Kohlenhydraten. Eine kleine Sünde ab und zu fällt jedoch bestimmt nicht so sehr ins Gewicht wie eine durch Verzicht provozierte Heißhungerattacke.

Sorten den Vorzug geben. Die meisten Buttermilchsorten beispielsweise sind ausgesprochen fettarm.

Manche Menschen sind jedoch gegen Milcheiweiß allergisch. Auch wer unter einer Laktoseunverträglichkeit leidet, muss zumindest auf ungesäuerte Milch verzichten. Leitsymptom sind Durchfälle nach Milchgenuss, die teilweise durch Vergärung des für die betroffenen Menschen nicht verwertbaren Milchzuckers im Darm entstehen. Die Laktoseintoleranz ist in Mitteleuropa und insbesondere in Deutschland nicht so häufig wie in vielen anderen Ländern, entsprechende Vorbehalte gegen reichlichen Milchgenuss von (insbesondere schwarzen) Kraftsportlern aus den USA sind also nicht ohne weiteres auf Mitteleuropäer übertragbar.

Milch wird nicht von allen vertragen. Dies gilt außer bei starken Allergien nicht immer gleich für alle Milchprodukte. Kefir oder Joghurt sind manchmal besser verträglich.

Ansicht 9: Eine Tafel Schokolade deckt den Kohlenhydratbedarf für das Training.

Korrektur: Dazu zitiere ich am besten Prof. K. Biener: »Wenn ein Mensch ein Pfund Schokolade futtert, muss er anschließend 200 Kilometer weit marschieren, um diese Kalorien wieder los zu werden – auch ein Sportler!«

Ansicht 10: Sportliche Leistungsfähigkeit kann auch mit vegetarischer Ernährung erreicht werden.

Korrektur: Es ist zwar nicht generell unmöglich, aber doch äußerst aufwändig, mit Hilfe rein vegetarischer Kost alle lebensnotwendigen Aminosäuren aufzunehmen.

Insbesondere in Dauersportarten tauchen gelegentlich überzeugte Vegetarier auf. Es handelt sich hier jedoch zumeist um so genannte Lakto-ovo-Vegetarier, die neben der pflanzlichen Ernährung noch Milch, Eier oder Käse zu sich nehmen. Bei rein vegetarischer Ernährung ist hingegen mit Mangelerscheinungen zu rechnen, es sei denn, man kennt sich sehr gut mit dem Aminosäureprofil rein pflanzlicher Nahrungsmittel aus.

Ansicht 11: Man sollte stets essen, worauf man Appetit hat, der Körper meldet seinen Bedarf immer an.

Korrektur: Leider sind (objektiver) Bedarf und (subjektives) Bedürfnis nicht identisch. So wie man gelegent-

lich ein Bedürfnis nach Schokolade oder nach Bier entwickelt, obwohl es keinen objektiven Bedarf des Körpers an diesen Nahrungsmitteln gibt, so hat man andererseits auch einen Bedarf an solchen Substanzen, nach denen sich leider kein spürbares Bedürfnis entwickelt. Dies gilt z.B. auch in der Versorgung des Körpers mit Vitaminen und Mineralstoffen. Wird dieser Bedarf nicht gedeckt, so äußert sich das in der Regel nur unspezifisch, d. h. beispielsweise in Abgeschlagenheit und Schwäche.

ANSICHT 12: Um den Fettansatz am Bauch (bei Männern) oder an den Hüften (bei Frauen) loszuwerden, muss man ein intensives Training der Bauchmuskulatur bzw. der Hüftregion betreiben.

KORREKTUR: Tag für Tag quälen sich Tausende von Männern und Frauen an Bauchbrettern oder an Abduktoren- und Adduktorenmaschinen, in der Hoffnung, dass ein Training der Problemzonen diese beseitigen hilft. In der Tat wird die trainierte Region straffer, d. h., der Bierbauch wird nach und nach fester, und auch die Hüften fühlen sich mit der Zeit etwas strammer an als zuvor. Die gewünschte Änderung der Konfektionsgröße aber bleibt in aller Regel aus. Woran liegt das?

Das Training der Problemzonen baut dort Muskulatur auf bzw. strafft die dort vorhandene Muskulatur. Es ist jedoch ein Irrtum zu glauben, dass durch ein Bauchmuskeltraining ausgerechnet am Bauch Fett verbrannt wird oder dass durch ein Training der Oberschenkel die dort sitzenden Polster verschwinden. Wenn es möglich wäre, gezielt Fett zu verbrennen, so wäre es auch möglich, gezielt Fett aufzubauen! Da Letzteres offensichtlich nicht gelingt, ist auch Ersteres eine Illusion. Stattdessen verbrennt der Körper das Fett dort zuerst, wo er es zuletzt angelegt hat. Da aber die störenden Fettpolster zumeist auch die ersten gewesen sind, die man sich »zugelegt« hat, so werden sie – leider – erst an letzter Stelle verbrannt.

Wer also durch Training abnehmen will, muss sich in Hinblick auf seine Problemzonen in Geduld üben. Darüber hinaus muss er sich klar machen, dass vor allem Übungen mit einem großen Kalorienumsatz Fett verbrennen. Eine halbe oder gar eine Stunde auf dem Fahrrad verbrennt mit Sicherheit sehr viel mehr Energie als die

Der gezielte, d.h. örtlich begrenzte Fettabbau ist eine weit verbreitete Illusion. Wer Fett abbauen will, muss zunächst den Fettanteil in der Nahrung verringern und dann gezielt im Fettstoffwechselbereich trainieren. Dazu ist eine Ausdauersportart am besten geeignet.

gleiche Zeit am Bauchbrett, insbesondere, da niemand eine halbe Stunde lang ohne Pausen Crunches oder eine ähnliche Formübung ausführen kann. Das bedeutet nicht, dass diese Formübungen sinnlos sind. Sie müssen allerdings mit solchen Übungen – am besten aerober Natur – kombiniert werden, die tatsächlich Fett verbrennen. Dazu gehören z. B. Fahrradfahren, Joggen, Gymnastik, Aerobic und andere Ausdauersportarten.

ANSICHT 13: Mit zunehmendem Alter wird man zwangsläufig träger und neigt zu Fettansatz, da hilft dann auch Sport nicht mehr.

KORREKTUR: Das Alter muss als Ursache und Entschuldigung für so manches persönliche Versagen herhalten. So einfach ist aber das Gesetz von Ursache und Wirkung hier nicht anzuwenden, eher hat man es mit dem Prinzip der sich selbst erfüllenden Prophezeiung zu tun. Zwar verlangsamen sich die Stoffwechselvorgänge mit zunehmendem Alter ein wenig, und man tut gut daran, dem in der Ernährung Rechnung zu tragen. Tatsächlich aber ist ein erheblicher Teil der Alterungsvorgänge auf das Verhalten zurückzuführen, das man mit den Jahren zeigt. Wer über 10 bis 20 Jahre hinweg keinen Sport treibt, braucht sich nicht zu wundern, dass sein Körper sich schließlich anpasst, indem er seinen Energieumsatz reduziert. Das Gleiche gilt auch für die hormonelle Situation. Wozu soll der Körper jahrzehntelang Hormone (wie z. B. Testosteron) produzieren, die die Leistungsfähigkeit erhöhen, wenn diese Leistung all die Jahre gar nicht abverlangt wird?

Wer hingegen bis ins hohe Alter aktiv bleibt, der wird nur sehr geringe Einbußen in seiner Leistungsfähigkeit hinnehmen müssen, denn der altersbedingte Abbau ist kein Naturgesetz, sondern eine Folge des eigenen Fehlverhaltens. Für diejenigen, die aber mit Mitte 30 oder auch erst Ende 40 bemerken, dass sie in dieser Hinsicht manches versäumt haben, sei als Trost festgestellt: Es ist nie zu spät. Je länger allerdings die inaktive Phase gedauert hat, desto behutsamer muss der Neuanfang vonstatten gehen.

Auch wenn das Training mit zunehmendem Alter nicht leichter fällt – lassen Sie keine Ausrede gelten. Für einen Neuanfang ist es nie zu spät!

Impressum

Über den Autor

Dr. Dieter Zittlau war Fachkoordinator für Sportpädagogik an der Fachhochschule für öffentliche Verwaltung in Wuppertal und ist seit mehr als 15 Jahren wissenschaftlicher Redakteur einer Sportzeitschrift. Er trainiert selbst seit über 20 Jahren und leitete viele Jahre lang ein eigenes Fitnessstudio. Als Fachmann für Kraftsport tritt er in zahlreichen Seminaren, Radio- und Fernsehsendungen auf.

Literatur

Engels, Dr. med. Tanja/Neumann, Bernd: Optimal trainieren. Südwest Verlag. 3. Auflage, München 2001
Schönegge, Heike: Richtig schöne Muskeln. Südwest Verlag. München 2000
Zittlau, Dr. Dieter: Muskeltraining für die Idealfigur. Südwest Verlag. München 1999

Hinweis

Das vorliegende Buch ist sorgfältig erarbeitet worden. Dennoch erfolgen alle Angaben ohne Gewähr. Weder Autor noch Verlag können für eventuelle Nachteile oder Schäden, die aus den im Buch gemachten praktischen Hinweisen resultieren, eine Haftung übernehmen.

Bildnachweis

Alle Bilder stammen von Jump (Marco Grundt) mit Ausnahme von:
gettyone Stone, München: 20 (David Madison); Mauritius, Mittenwald: 10 (nonstock), 17, 97, 100 (AGE), 94 (Thonig); pwe Kinoarchiv, Hamburg: 56, 74; Südwest Verlag, München: 26, 27, 28 (2) (Jump / Kristiane Vey), 77 (Barbara Bonisolli), 85, 88 (Michael Holz); The Image Bank, München: 1 (Terje Rakke), 12 (Paolo Curto), 89 (Anthony Johnson), 98, 99 (White / Packert); The Stock Market, Düsseldorf: 8 (Michael Keller), 9 (Jose L. Pelaez), 21 (Larry Williams), 24 (LWA-Dann Tardif), 67 (T&D Ann McCarthy), 70 (John Henley), 71 (Chuck Savage); Zefa, Düsseldorf: U2 / U3, 48 / 49 (Krecichowost), 4 / 5 (Lassen), 6, 7 (Sharpshooters), 14, 15 (H.G. Rossi), 19, 104 (Chr. Schmidt), 55 re., 75 (Madison), 69 (Index Stock), 72 / 73, 81 (Masterfile), 79 (Sporer), 82 (K+K), 83 (Rosenfeld), 84 (Rossenbach), 87 (Meyer), 91, 93 (Flamisch), 92 (Pinto), 103 (Eggers), 105 (David Ashley), 106 (Index Stock), 108 (Emely), 109 (Kehrer), 110 (Benelux)
Die Aufnahmen von Jump (Marco Grundt) wurden im Fitnessstudio Healthland in Hamburg gemacht.

Impressum

Der Südwest Verlag ist ein Unternehmen der Econ Ullstein List Verlag GmbH & Co. KG, München.

Redaktion:
Dr. Ulrike Kretschmer,
Dr. Alex Klubertanz
Projektleitung:
Dr. Alex Klubertanz
Redaktionsleitung und medizinische Fachberatung:
Dr. med. Christiane Lentz
Bildredaktion:
Bettina Huber, Hamburg;
Tanja Nerger
Produktion:
M. Metzger (Leitung),
A. Aatz, M. Köhler
Umschlag:
Werbeagentur Lohmüller, Berlin;
Reinhard Soll
Layout und DTP:
Dr. Alex Klubertanz

Printed in Italy
Gedruckt auf chlor- und säurearmem Papier

ISBN 3-517-06396-7

Register